Antje Lotte Gertrud Scheumann

Mein Weg zum Frieden

1931- 1999

Elisabeth-Käthe Völz

3 Frauen – 5 politische Systeme – 100 Jahre --- von der Kaiserzeit zur Demokratie

/ eine Trilogie

Teil 2

Gewidmet meiner Schwester Heike Scheumann, geb. 12.02.1956, am 18.06.1983 um 14.09 Uhr ihr Leben selbst beendet

Inhaltsverzeichnis

Anhang

Einführung

Dies ist der zweite Teil der Biografie von Antje Scheumann, die ohne ihren Ahnenstamm aus Pommern undenkbar wäre. In diesem Buch habe ich die Erinnerungen meiner Mutter Lisa-Käthe, zwei ihrer Cousinen und ihrem Bruder Armin zusammengertragen, soweit diese 4 bereit waren, ihre Erinnerungen aufzuzeichnen.
Es ist eine Geschichte von „schwarzer Pädagogik", die viel weiter zurückreicht, als ich sie erforschen kann. Anhand derer ich allerdings belegen kann, wie weit längst zurück liegende Generationen, deren Einstellungen und Taten uns Jahrhunderte später noch beeinflussen und beeinträchtigen, wenn sie nicht einmal kritisch betrachtet, durchbrochen und verändert wurden.
Ich füge die Aufzeichnungen so ein, wie ich sie von meinen Verwandten bekommen habe und überlasse der Leserin/dem Leser, Schlüsse daraus zu ziehen. Lesen Sie meine Biografie, den 3. Teil dieser Anthologie, und Sie erfahren, wohin diese Art führen kann und was passiert, wenn jemand nicht mehr „mitmacht".
Meine Mutter Lisa-Käthe wurde geboren am 3.5.1931 als zweites Kind von Lotte und Willi Völz in Stettin in Pommern. Ihre ältere Schwester, Lottelore, wurde geboren am 25.6.1928 und starb am 1.4.1929. Soweit ich von ihren Brüdern Armin und Willi gehört hatte, starb Lottelore an Lungenentzündung, weil ihre Mutter sie zur Abhärtung in eiskaltem Wetter ins Freie gestellt hatte.

So hatte meine Mutter ihre große Schwester nicht kennengelernt, erzählte allerdings, dass sie viel Zeit mit ihrer Mutter auf dem Friedhof am Grab der Schwester verbrachte, sodass meine Mutter sogar das Gefühl hatte, die Schwester geliebt zu haben, obwohl sie sie nie gekannt hatte.
Nach meiner Mutter kamen noch 2 Brüder, Armin und Willi, 1935 und 36 geboren und eine Schwester Mechthild, geboren am 21.1.1942. Mechthild starb am 17.4.1945 auf der Flucht an Diphtherie. Lisa-Käthe gab sich den Rest ihres Lebens die Schuld an Mechthilds Tod, weil sie sie angeblich angesteckt haben sollte.

Als meine Mutter Lisa-Käthe 8 Jahre alt war, am 1.9.1939, überfiel Hitler Polen und der 2. Weltkrieg begann. In den ersten 2 Jahren war wohl in Jasenitz, wo meine Mutter mit ihrer Familie wohnte, nicht viel vom Krieg zu bemerken, aber meine Mutter berichtet in ihren Aufzeichnungen, dass ab ihrem 10. Lebensjahr, das war dann 1941, der Krieg mit allen Ängsten und seinem Horror, auch bei ihnen angekommen war.
Lisa-Käthe wurde im Krieg nach Rügen evakuiert. Nach Kriegsende 1945-46 floh ihre Familie mit ihr nach einigem Hin und Her nach Zeitz bei Leipzig in Sachsen, wo sie bis 1949 in Baracken in einem Flüchtlingslager lebten. Später zogen sie in eine Villa in Großdeuben.
So kam Lisa-Käthe von der Diktatur Hitlers aus dem Deutschen Reich in die Diktatur des sog. „realen Sozialismus“ der neu gegründeten DDR. Von der Hitlerjugend zur FDJ („Freie Deutsche Jugend“).

Sie ging auf ein Mädchengymnasium in Zeitz, wo sie 1950 Abitur machte.
Da mein Großvater, ihr Vater Intellektueller, Ingenieur, war, durfte Lisa-Käthe nicht studieren. Also wurde sie Milchkontrolleurin und fuhr mit dem Fahrrad von Bauernhof zu Bauernhof, um Milchproben zur Kontrolle einzusammeln. Von 1952 bis 54 machte Lisa-Käthe eine Ausbildung zur Chemielaborantin und begann aufgrund bester schulischer Leistungen und eines darauf folgenden Stipendiums das Studium zur Chemiewirtschaft. Wegen mangelnder finanzieller Unterstützung musste sie das Studium jedoch abbrechen.
Nahe des Lyzeums in Zeitz gab es auch ein Jungengymnasium, an dem mein Vater Heinz Scheumann zur Schule ging. Durch diese Verbindung lernten sich die beiden kennen. Nach den Erzählungen meiner Mutter war mein Vater ein arroganter, selbstherrlicher Schnösel, der die Beziehung zu ihr 1952 abbrach, um in Ruhe studieren zu können.
Lisa-Käthes Tante Käthe lud sie ein, zu den anderen Verwandten in den Westen, nach Hamburg, zu kommen. Lisa-Käthes Mutter hatte eine Schwester Käthe, die nach dem Krieg nach Siek bei Hamburg gekommen war. Sie hatte selbst 2 Töchter, die 5 und 9 Jahre jünger waren als meine Mutter. Käthe bot an, Lisa-Käthe könne bei ihr wohnen, bis sie eine eigene Wohnung gefunden habe. Lisa-Käthe fand erst Arbeit als Dienstmädchen in Großhansdorf, dann eine Stelle in einem kleinen, privaten Chemieforschungslabor in HH-Wandsbek. In Hamburg-Fuhlsbüttel wohnte eine Cousine von Käthes Mann, bei der meine

Mutter anschließend wohnte.
Während der Abwesenheit Lisa-Käthes besann sich mein Vater Heinz. Ende 1954 nahm Lisa-Käthe den Kontakt zu ihm wieder auf, er antwortete, „Weihnachten wird sich verlobt“ (wie meine Mutter berichtete).
Er besuchte sie in Siek bei ihrer Tante Käthe und sie verlobten sich. Um Heinz am 13.5.1955 zu heiraten, ging Lisa-Käthe zurück in die DDR nach Zeitz.
Sie wohnten zusammen bei meinen Großeltern, Heinz' Eltern, Gertrud und Rudolf Scheumann. Meine Eltern hatten ein Schlafzimmer, meine Großeltern eines und es gab ein gemeinsames Wohnzimmer. Lisa-Käthe fühlte sich von ihrer Schwiegermutter abgelehnt, ihren Schwiegervater mochte sie, aber sie berichtete aus der Zeit immer nur von großen Spannungen. Heinz' Vater Rudolf war Sattlermeister und hatte eine eigene Werkstatt. Im Gegensatz zu Lisa-Käthes Elternhaus war dies hier Arbeitermilieu, was meine Mutter auch sehr abstieß.
Am 12.2.1956 wurde meine Schwester Heike in Zeitz geboren und es gab große Rivalität zwischen meiner Mutter und ihrer Schwiegermutter. Mein Vater als Arbeiterkind durfte studieren. Er war inzwischen mit seinem Studium zum Lehrer für Geschichte und Latein fertig und bekam eine Stelle in Neustadt/Dosse, nördlich von Berlin, in Brandenburg, zugewiesen. So zogen meine Eltern mit ihrer erstgeborenen Tochter im September 1956 nach Neustadt/Dosse. Meine Mutter erzählte, mein Vater wollte ursprünglich gar keine Kinder, meine Schwester war sozusagen ein „Unfall“ und

nachdem sie nun mal da war, dachte Lisa-Käthe, „je eher daran, desto eher davon“ und „überlistete“ nach eigenen Angaben ihren Mann, sodass sie nun wieder schwanger war.
Anfang 1957 bekamen meine Eltern den ehemaligen Kindergarten von Kampehl bei Neustadt zum Wohnen zugewiesen. Am 21.3.1957 kam ich zur Welt und verbrachte mein erstes Lebensjahr in Kampehl.
Alle Schüler der DDR mussten im Herbst zu Ernteeinsätzen auf den Feldern. Mein Vater weigerte sich, seine Schüler zum Ernteeinsatz zu schicken, meine Mutter verweigerte die „Wahl“ und ein gutmeinender Mensch empfahl ihnen, die Republik zu verlassen, da sie sonst mit ihrer Renitenz über kurz oder lang im Gefängnis landen würden.
So flohen meine Eltern mit uns beiden Kindern im November 1958 „zu Besuch“ zu ihren Eltern in Butzbach in Westdeutschland.
Die Originalunterlagen mit allen Einzelheiten über den Antrag auf Aufenthaltserlaubnis in der BRD im Notaufnahmeverfahren vom 21.11.1958 finden sich im Anhang.
Nach dem Zerwürfnis meines Vaters mit seinem Schwiegervater zog die Familie 1959 nach Flörsheim zu einer Bekannten meiner Mutter. Von dort bekamen wir Ende 1959 eine Sozialwohnung in Nieder-Eschbach bei Frankfurt/Main.
Mein Vater musste sein Geschichtsstudium neu aufrollen, was eine große Krise auslöste. 1960 war er fertig und bekam eine Anstellung bei einer Privatschule in Frankfurt/Main.
Als meine Schwester und ich eingeschult waren,

arbeitete Lisa-Käthe kurzzeitig im Sekretariat unserer Schule.
1966 bauten meine Eltern mit den Eltern meiner Mutter in Rittershausen in Nordwest-Hessen, weil die von den Farbwerken Höchst herüberwehenden Dämpfe und Gase Lisa-Käthe gesundheitliche Probleme verursachten. Außerdem wollten meine Eltern ihre Kinder in der Natur aufwachsen lassen. Was uns allerdings leider, mit 9 und 10 Jahren, an der Schwelle zur Pubertät und herausgerissen aus unseren ersten zarten Bindungen, größere Probleme bereitete als Vorteile brachte. Ein gutes Beispiel für „gut gemeint“ als Gegenteil von „gut gemacht“.
Dort arbeitete Lisa-Käthe noch einmal ein halbes Jahr, nachdem Heinz sich mit seinem Schwiegervater ein zweites Mal überworfen hatte, solange, bis wir Kinder durch Auffälligkeiten darauf hinzuweisen versuchten, dass wir der Aufmerksamkeit unserer Eltern bedürfen.
Nachdem ich 1973 mein Elternhaus verlassen hatte, machte Lisa-Käthe ihren Führerschein 1981 und gründete einen Landfrauenverein im Nachbardorf. Von 1976-1983 war Lisa-Käthe mit der Schizophrenie ihrer Tochter Heike beschäftigt und seit ca. 1980 auch mit der ihres Mannes Heinz. 1983 tötete sich Heike.
Von da an lebten Lisa-Käthe und Heinz noch bis zu seiner Pensionierung 1989 in Ritterhausen, 1990 zogen sie zusammen in den Landkreis Cuxhaven. 1999 starb Heinz an Lungenkrebs und Lisa-Käthe zog in eine Eigentumswohnung in Cuxhaven.
Meine Mutter hat nur sehr selten und

bruchstückhaft aus ihrer Kindheit berichtet, einige Dinge habe ich von ihren Brüdern oder ihrer Cousine erfahren. Ihre Bewältigungsstrategie bestand im Verdrängen. Während ab den 1970er Jahren ihr Vater, ihre Brüder und ihre Cousins und Cousinen wieder nach Jasenitz gefahren waren, um sich ihre alte Heimat anzusehen, hat meine Mutter immer gesagt, sie möchte sich das Dorf, die Gegend und die Landschaft so in Erinnerung behalten, wie sie in ihrer Kindheit waren und ist nie nach Pommern zurückgekehrt.

Hier der tabellarische Lebenslauf von Lisa-Käthe Scheumann, geb. Völz

Jahr	Zeitleiste	Biografie
Geb. am 3.5.1931		Lisa-Käthe ist von 5 Geschwistern die 2t-Älteste. Eine 1 Jahr ältere Schwester starb vor L.-K. Geburt, eine 11 Jahre jüngere Schwester starb 1945. Sie wuchs mit 2 jüngeren Brüdern auf.
28.01.1935		Bruder Armin wird geboren.
21.04.1936		Bruder Willi wird geboren.
1931	1941	glückliche Kindheit
1937	1941	Volksschule Jasenitz
1942	1945	traumatische Erlebnisse durch Bombenangriffe, Mitansehenmüssen der Vergewaltigung der Mutter, des Erschießens und Erschlagens zweier Onkel
1942	1943	Evakuierung alleine nach Garz/Oder
Sommer 1944		Evakuierung alleine nach Rügen
06.04.1944		Lieblingsonkel Theo fällt im Krieg
17.04.1945		kleine Schwester Mechthild stirbt an Diphtherie
1946		Flucht nach Höltinghausen
Ende 1946	1947	Chaotische Rückreise, gedacht nach Jasenitz, Ankunft im Flüchtlingslager Zeitz
1947	1949	Leben im Flüchtlingslager
1947	1950	Lyzeum Zeitz
1949	1950	1. Alleinewohnen, möbl. Zimmer in Zeitz bis zum
1950		Abitur
1950		Verhaftung des Vaters, Verbringung ins Gefängnis Torgau, Rückkehr L.-K.s zur Familie, inzwischen in Großdeuben
1950		Ausbildung zur Milchkontrolleurin
1951		Lisa-Käthe holt ihren Vater aus dem Gefängnis Torgau ab
1952	1954	Ausbildung zur Chemielaborantin, Chemiewirtschaftsstudiumbeginn, Abbruch wegen mangelnder Unterstützung

1954		Umzug nach Siek zur Tante (Käthe); Arbeit als Dienstmädchen in einer Villa in Großhansdorf
1954		Chemielaborantin bei Dr. Schleipen, HH-Wandsbek; Wohnung bei Tante Milly (Tante Käthes Manns Erich Schwester) in HH-Fuhlsbüttel
Weihn. 1954		Verlobung mit Heinz Scheumann
13.05.1955	1955-56	Hochzeit mit Heinz Scheumann, Rückkehr nach Zeitz; Wohnen in 1 Zimmer bei Scheumanns
12.02.1956		Geburt der 1. Tochter Heike
16.09.56		Umzug nach Neustadt/Dosse
März 1957		Umzug nach Kampehl
21.03.57		Geburt der 2. Tochter Antje
November 1958		Flucht aus der DDR nach Butzbach zu L.-K. Eltern
1. Jahreshälfte 1959		Rauswurf d. L.-K. Vater, Umzug nach Flörsheim zu einer Bekannten Lisa-Käthes
Ende 1959		Umzug in eine eigene Wohnung in Nieder-Eschbach bei Frankfurt/Main
April 1965	Schuljahresende 1966	Sekretärin in der Volksschule Nieder-Eschbach
Sommer 1966		Umzug ins eigene Haus in Rittershausen (mit Lisa-Käthes Eltern)
1967		Rauswurf v. L.-K.s Eltern durch Heinz; wg. Finanzengpass Sekretärin bei Omnical in Ewersbach
September 1973		Tochter Antje verlässt das Haus
1976		Diagnose Schizophrenie der Tochter Heike
17.06.1979		Tod der Mutter
ca. 1980		Diagnose Schizophrenie des Ehemanns Heinz
1981		Lisa-Käthe macht Führerschein
18.06.1983		Selbsttötung der Tochter Heike
Dez. 1984		Tod des Vaters
1989		Ehemann Heinz wird pensioniert
1990		Verkauf des Hauses in Rittershausen; Kauf und Umzug eines Hauses in Oberndorf/Oste
08.01.1999		Tod des Ehemannes durch Lungenkrebs
Herbst 1999		Verkauf des Hauses, Kauf und Umzug in eine Eigentumswohnung in Cuxhaven
2015		Verkauf der Wohnung, Umzug in „Betreutes Wohnen" in Cuxhaven
09.01.2017		Tod des jüngeren Bruders Willi

Hier nun die Aufzeichnungen von Lisa-Käthe:

Memoiren Elisabeth-Käthe Scheumann, geb. Völz

… wie ihrer Tochter Antje in einigen Briefen geschrieben

Brief vom 23.12.2005
Ich lese z. Zt. in einem Weihnachtsbüchlein aus der Kindheit meiner Mutter, aus dem Tante Wanda, Tante Käthe, Onkel Kurt und meine Mutter ihre Weihnachtsgedichte lernten und vortrugen und später dann wir: Armin, Willi und ich – und meine Mutter las uns vor, bis ich mir am Adventskranz die Haare verbrannte – o Schreck – lichterloh – meine Mutter warf mir eine Decke über den Kopf und das Feuer war gelöscht.
(Bei Klassentreffen fühle ich mich sicher und geborgen) … nach langer Zeit des Bombenterrors, des Entferntseins von der Familie (mit 10-14 Jahren), des Russeneinmarsches mit Beschuss, willkürlichen Erschießungen (ein Onkel), ein Onkel wurde erschlagen, meine Mutter wurde vergewaltigt, wir schliefen wochenlang in den gefluteten Oderwiesen (im April) in Heuschobern, angefeindet von nazifeindlichen Ortsbewohnerinnen, mit denen wir gemeinsamen

Aufenthalt in den Schobern auf der Flucht vor den frauensuchenden Russen genommen hatten.
„Ihr seid Schuld, euch müsste man ausliefern usw. …“
Mein Vater kroch die Wiesengräben entlang im Dunkeln und brachte uns Essen. Licht hätte uns verraten. In einer Nacht holte mein Vater uns und brachte uns durch die Wiesen zu meinen Großeltern auf den Heuboden. Dort beobachteten wir, wie die Russen auf dem Grundstück – Haus und Ställe unter uns – nach Frauen und Wertgegenständen suchten.
Mein Großvater, der ein gutes Geschick im Umgang mit Menschen hatte, verwickelte die Russen in Gespräche (Gesten, Mimik usw., er konnte nicht russisch) über seine Seefahrt, er kannte alle russischen Hafenstädte bis nach Sibirien und sie vergaßen ihre bösen Absichten.
Für mich als 14jährige war das mehr oder weniger ein Abenteuer, das Hausen im Heu, dort essen, schlafen, sich verstecken.
Haufenweise Groschenromane von Tante Wanda habe ich in der Zeit gelesen.
Dann war am 8. Mai der Krieg zuende.
Die Russen feierten mit viel Schießen und Feuerwerk. Zum 1. Mal in meinem Leben sah ich ein Feuerwerk, im Krieg war das wegen der Dauerdunkelheit, wir nannten das Verdunkelung, nicht möglich.
Die Städte und Dörfer lagen abends in völliger Dunkelheit, die Fenster mit Spezialvorhängen, die

keinen Lichtstrahl durchließen, feindliche Flieger hätten Orientierungspunkte gehabt.
In unserem Haus wurde die Kommandantur eingerichtet und da Tante Wanda mit ihrer Familie und meinen Brüdern nach Oldenburg evakuiert worden war, kurz vor Kriegsende, zogen wir in Tante Wandas Haus, gleichzeitig eine Vorbeugung gegen Plünderungen und Verwüstungen. Dort verlebten wir ein verhältnismäßig ruhiges Jahr. Außerhalb des Dorfes, umgeben von Bauernwäldchen, Heide und Feldern. Man konnte am Tag gefahrlos ins Dorf gehen oder zu meinen Großeltern (ca. ½ Stunde Fußweg).
Nachts allerdings zogen noch immer Russentrupps umher, plünderten, vergewaltigten und mordeten. Ein Onkel wurde damals erschossen, weil er etwas rumoren hörte und nachsehen wollte. Als er die Tür öffnete, fiel der Schuss.
Man konnte zwar anzeigen, der Kommandant verhängte Strafen, Vergewaltigungen und Plündern war mit Erschießen bedroht, aber es gab keine Polizei, die verfolgte und untersuchte. Entweder man kannte die Leute oder sie entzogen sich.
Im Herbst kam ein Onkel aus dem Krieg zurück, Tante Elisabeth, seine Frau, Opas Schwester, war auch in Oldenburg mit ihrer Tochter. So beschlossen meine Eltern, dass wir uns mit Onkel Karl (meine Mutter und ich) auf den Weg, buchstäblich, machen sollten.
Es gab keine Verkehrsmittel, keine Verwaltung, nichts was geordnet war. Unser kleines Gebiet an

der Oder war russenbesetzt, rundum die Polen, die sich grausam an den Deutschen rächten, die ihnen in die Hände fielen.
Onkel Walter, Bruder meines Vaters, hatten sie erschlagen.
Also bei, buchstäblich, immer Nacht und Nebel über die Felder, durch die Wälder, ca. 100 km, bis nach Pasewalk. Dort war SBZ (sowjetisch besetzte Zone) und erster Verkehr, wenn auch ungeordnet. Sporadisch und total überfüllt, denn Flüchtlingsströme waren noch immer unterwegs, von Bahnhof zu Bahnhof, auf Kohletendern, in Güterwagen gepfercht, in Personenwagen.
In Unterführungen wurde geschlafen, die Russen kamen nachts, angeblich um Streife zu gehen und suchten sich Frauen und Mädchen raus, die nie wiedergesehen wurden. Die Mütter boten sich an, sie weinten, schrieen und flehten.
Wovon wir lebten, weiß ich nicht, ob die Flüchtlingsstellen uns Rationen gaben, Märkte, Geschäfte gab es nicht. Schwarzmarkt, aber die wollten Werte haben, hatten wir nicht. Onkel Karl war nicht zuverlässig, war bald verschwunden. Meine Mutter und ich kamen jedenfalls, wie weiß ich nicht mehr, eines Tages in Oldenburg/Höltinghausen bei Tante Wanda an.
Tante Wanda wohnte bei einem Bauern in einer kleinen Kammer mit meinen Brüdern, Karla und 3 kleinen Kindern. Sie schliefen zu dritt in einem Bett, die Betten standen übereinander, einen Schrank habe ich darin nie gesehen. Die Kammer

hatte nur Platz für die Betten, sicher Gesindekammer.
Tante Wanda war froh, dass wir die Jungen wegnahmen. Wir kamen bei einem anderen Bauern im Eulenstall unter. Es war, durch Flüchtlinge und Ausgebombte, alles überfüllt. Der Eulenstall war getüncht worden, ein kleiner Torfherd reingestellt und zwei Soldatenbetten, darin schliefen wir zu viert, immer abwechselnd Kopf/Fuß.
Es war ein bitterkalter Winter und dieser unisolierte Stall mit nur einer Brettertür. Unmittelbar am Herd konnte man die Hände wärmen, alles andere war Kälte und Eis.
Hier gab es schon Lebensmittelmarken/-karten und man konnte sich die Grundnahrungsmittel (Brot, Kartoffeln, Milch) kaufen. Woher das Geld kam, weiß ich auch nicht.
Auf jeden Fall war eine Verwaltung und Organisation von Verkehr wiederhergestellt.
Unser Bauer hatte ein Schwein geschlachtet, die Schwarten, noch dick mit Fett, hatte er auf den Misthaufen geworfen. Die haben wir uns geholt und abgeschält, ausgelassen und hatten ein bisschen Fett. Beim Abschälen bin ich mit dem Messer ausgerutscht und schnitt mir den Daumenballen auf – große Aufregung.
Mein Vater war in Jasenitz geblieben, er war vom Russen mit der Demontage des Hydrierwerks (was die Bomben übrig gelassen hatten) beauftragt worden.
Dann kam Weinachten 1946, wir kamen uns vor

wie Maria und Josef, allerdings ohne Josef, mit dem Jesuskind. Plötzlich stand mein Vater vor der Tür. Wir sollten mit zurück, die Polen geben unser Gebiet an die Russen zurück. So ging die ganze Flucht wieder rückwärts in das ungeordnete Gebiet der russischen Besatzungszone. Durch Flüchtlingslager, kleine Zelte im strömenden Regen, das Wasser floss unten rein in die Zelte. Willi (10) hatte Brechdurchfall bis nach Berlin – totale Trümmerwüste, nur die großen Bunker standen – dort hatte man Flüchtlingslager eingerichtet.
Jede Besatzungszone hatte ein Lager, in dem man sich eine Woche aufhalten durfte, dann musste man weiter. Hier gab es Mindestrationen an Brot.
Mein Vater wartete auf ein Russenauto (Verbindung Berlin-Hydrierwerk), das uns durch die Polenzone bringen sollte.
Nach drei Wochen, wir waren im englischen, amerikanischen, französischen Flüchtlingslager gewesen, überall gab's Minimalrationen an Brot zum Überleben, standen wir als Obdachlose auf der Straße. Eine Wirtin, bei der wir ein Heißgetränk = Wasser mit Aroma, tranken, hatte Erbarmen mit uns halbverhungerten Kindern und kochte für jeden von uns eine Tasse Mehl-mit-Wassersuppe, es schmeckte köstlich.
Endlich war auch das Auto da, Lastwagen voller Kisten mit „ich-weiß-nicht-was-Inhalt“. In einer wurden wir verstaut, mussten uns muckmäuschenstill verhalten, nicht niesen, husten

und es ging durch die Polensperre. Stopp – Lastwagen öffnen, palaver, palaver, was wohl in den Kisten ist --- wir fuhren weiter. Wieder nach Hause !
Wie lange, weiß ich nicht mehr. Eines Tages kam mein Vater, alles war demontiert, verladen und nun sollten alle Mitarbeiter (ein deutschfreundlicher Oberst, Jarchow, Jude) ihre Möbel in einen Güterzug laden, Familien auch. Alles wurde verplombt mit russischen Plomben und ab ging der lange Zug wieder durch die Polensperren, mit großer Angst, wenn es rauskam, dass da Deutsche drin waren, dann gab's Gemetzel.
Eine weitere Angstklippe war noch zu überwinden. Alle „Spezialisten" mit Familien in einem Zug, verplombt, das konnte auch bedeuten : über die Oder nach Sibirien zum Wiederaufbau. Unzählige Male war das schon geschehen. Wir lugten die ganze Nacht durch Ritzen, wir horchten auf das Räderrasseln, wann über die Oder ? Nichts geschah !
Am nächsten Morgen waren wir in Zeitz auf dem Güterbahnhof !!! Das Rote Kreuz versorgte uns mit einer merkwürdigen glibberigen Suppe, aber das war egal, etwas zu essen und Warmes.
Wir wurden über Nebengleise hinter Stacheldraht in ein ehemaliges Kriegsgefangenenlager gebracht. Unsere Möbel kamen in eine große Lagerhalle. Wir hausten ohne Zwischenwände oder andere irgendwelche Abtrennung in Stockbetten. Jung, alt, Männlein, Weiblein, Kinder jeglichen Alters in

großen Baracken. Waschen, Klo, alles in großen gemeinschaftlichen Hallen – Räumen, nur nach Männlein/Weiblein getrennt.
Ob man seine Tage hatte oder sonst irgend Unpässlichkeiten, alles geschah in aller Öffentlichkeit. Klos in langer Reihe nebeneinander. Flöhe, Läuse, Wanzen begleiteten uns. Von Zeit zu Zeit wurden wir gemeinsam entlaust. In den Duschen zogen wir uns alle aus und wurden mit Desinfektion besprüht aus den Duschdüsen an der Decke. 4 Wochen, 6 Wochen, ich weiß nicht mehr, wie lange wir dort „wohnten".
So nach und nach interessierten sich die Braunkohlenwerke für die Arbeitskräfte, viele fanden Wohnungen. Wir wurden in einem anderen, offenen, ehemaligen Gefangenenlager in Baracken untergebracht. Mein Vater arbeitete als Techniker. Für mich hatten meine Eltern ein Lyzeum in Zeitz ausfindig gemacht und mich dort angemeldet. In den Baracken hatte man Wohnungen eingerichtet, sodass jede Familie wieder ihre Intimsphäre hatte. Unsere Möbel konnten wir dort wieder aufstellen. In der Schule fand ich meine Heimat, meine Ruhe, meine Familie, meine fest gefügte, liebevolle Ordnung, in die ich mich willig fallen ließ und einfügte.
Liebevolle Lehrer/Lehrerinnen, die einem wieder endlich etwas vermittelten. Liebevolle, selbst kriegsgeschädigte (Flucht, Ausbomben) Kinder. Meine Eltern waren selbst entwurzelt und konnten uns Kindern kaum Geborgenheit vermitteln,

Ordnung und Disziplin zum Glück.
In der Schule fand ich Liebe, Geborgenheit, Freundschaft. Wir hungerten gemeinsam, wir froren gemeinsam, wir teilten, was wir hatten. Einer mit dem anderen sein Brot und zum Teil sogar Kleidung, wir lernten gemeinsam.

2. Teil,**18.2.2006**

...ein weiterer Abschnitt meines Lebens. Fangen wir ganz vorne an. Lolo, wie Lotte-Lore genannt wurde, ¾ Jahr alt, dann war ihr kleines Leben zuende.
Meine Eltern heirateten 1927, 1928 wurde ihnen Lolo geboren, ein gesundes, kräftiges Kind und – wie alle Babies – ganz lieb – wie ich aus den Erinnerungen meiner Mutter und aller Verwandten hörte.
Damals lebte man noch mit der Großfamilie, jedenfalls war das bei uns in Pommern auf dem Dorf noch so. Meine Eltern waren zwar nach Stolzenhagen (Stadtteil von Stettin) gezogen, die Verwandten (Eltern, Geschwister) wohnten in Jasenitz und umliegenden Dörfern. Tante Wandas Haus lag am Ortsausgang Richtung Ziegenort. Nach Stolzenhagen waren meine Eltern gezogen, weil dort die Arbeitsstelle meines Vaters lag, sie hatten eine Werkswohnung. Lolo wurde in einer Stettiner Frauenklinik geboren. Der Winter 1928/29 war ein extrem harter – Lolo erkrankte an einer

Lungenentzündung – und bei dem damaligen Stand der Medizin starb sie daran.
Meine Mutter war sehr verzweifelt, alle Verwandten standen ihr unterstützend zur Seite. Meine Patentante Elisabeth – eine Schwester meines Vaters – war lange Zeit bei ihr. Gut 2 Jahre trauerten meine Eltern, eigentlich wollten sie nie wieder ein Kind. Dann entschieden sie sich doch noch einmal für ein Kind und ich wurde geboren. Allerdings im Hause, wieder war es Tante Elisabeth, noch unverheiratet, die meiner Mutter zur Seite stand. Dort in Stolzenhagen wuchs ich bis zum 4. Lebensjahr auf. Zu meinem „Lebchen" gehörte der Friedhofsbesuch bei meiner Schwester – ein Efeu überranktes Grab – einen kuschelwarmen Eindruck hatte ich davon – mit einem abgebrochenen steinernen Baumstamm als Gedenkstein.
Zum Totensonntag bekam sie immer ein Mooskissen – ich fand das schön, lieb und weich. Meine große Schwester, ich kannte ein Foto im Wickeltuch von ihr. Ich liebte sie in meiner Fantasie.
Dort in Stolzenhagen erinnere ich mich an schwarze scheußliche Erde, an liebevolle Nachbarmädchen, die mit mir spielten, an Schrebergärten und Kinderwagen, die immer eine große Anziehungskraft auf mich hatten.
Auch einen Hühnerstall gab es, in den ich durch die Hühnerluke kroch und den Hühnern auf den Nestern zusah, meinen Teddy im Schlepptau.

Dabei war er mal mit einem dicken Mistfleck auf dem Bauch verunreinigt worden und meine Mutter wusch ihn. Anschließend wurde er am Fensterkreuz aufgehängt zum Trocknen. Das war für mich schrecklich.
In der Nachbarschaft gab es eine „Höllenmaschine“ – ein Motorrad, das mir Panik und Schrecken verursachte mit seinem Höllenlärm. Wenn ich es nur von ferne hörte, rannte ich um mein Leben.
So erging es mir noch fünf Jahre später. Wir wohnten schon in Jasenitz, als ein Nachbarjunge einen Spielzeugpanzer zum Aufziehen hatte und mich damit in Panik versetzte.
Maschinenlärm war für mich Weltuntergang – Katastrophe.
Jeden Tag, wenn das Wetter es zuließ, holten meine Mutter und ich unseren Papa vom Werkstor ab. Das war immer schön, er brachte mir ein „Hasenbrot“ mit, das so gut schmeckte wie nichts auf der Welt. Das war ein etwas betrocknetes, übrig gebliebenes Stück Frühstücksbrot. In meiner Fantasie vom Hasen – Osterhasen.
1935 holte mich dann für einige Zeit (wie lange, weiß ich nicht mehr) Tante Elisabeth zu sich und meiner Märchengroßmutter und –vater nach Jasenitz. Ich schlief bei Tante Elisabeth im Bett und sie war mir unheimlich, denn sie hatte vorne oben ein Loch – war also kaputt – das war der Busenspalt – sie hatte einen ziemlich großen Busen. Den Busen sah ich als Kind nicht, aber das Loch machte mir Angst.

Als ich dann wieder nach Hause kam, hatte mir der Klapperstorch ein Brüderchen gebracht – ich war selig. Mit meiner Puppe spielte ich alles nach, windeln, waschen, baden, das ging damals nur in der Fantasie, sogar „gestillt“ habe ich meine Puppe. Der Kinderwagen, in dem der kleine Armin draußen stand, war mein Heiligtum. Ein Jahr später hatten meine Eltern in Jasenitz ihr Haus gebaut und wir zogen um. Ich kann mich an diesen Umzug überhaupt nicht erinnern, ob ich in der Zeit wieder bei meinen Großeltern war ?

Dort wurde dann mein zweites Brüderchen geboren – nun hatte ich zwei so kleine Wurschtel – ich liebte beide sehr, wenn ich von Stund an auch die Verantwortung für beide hatte, ich musste immer aufpassen, aber es war mir nie lästig.

Meine beiden Brüder spielten nicht so gerne mit mir, Puppen waren nichts für sie – und ich mochte ihre technischen Sandspiele nicht. Aber sie waren immer da und gehörten liebevoll zu meinem Leben.

Meine Mutter war sehr streng, distanziert, aber nicht kalt. Wenn ich krank war und ich hatte viel mit Bronchitis und Angina zu tun, war sie äußerst liebevoll und umsorgte mich. Es gab immer einen besonderen Keks, der von uns Gesundheitskeks genannt wurde (Biskuitplätzchen), die ich für mein Leben gerne aß. War ich gesund, spielte ich viel mit meiner Puppe. Wir hatten im Vorgarten eine Sträucherhecke, in der hatte ich mir Küche, Schlafzimmer, Wohnzimmer für meine Puppe eingerichtet. Ich „kochte“ dort und wirtschaftete

dort.
Viel Zeit brachte ich im Hühnerhof zu, zum Ärger meiner Mutter. Ich versuchte, wie die Hühner zu kratzen, Staub-zu-baden, nur Eierlegen konnte ich leider nicht, dafür aber der Glucke mit den Küken zusehen. Ich hatte mir dann einen abgeflachten Stein besorgt und viele kleine und wenn meine Mutter ihre Glucke setzte mit Futter und Wasser, tat ich mit meinem Stein und den kleinen Steinchen das gleiche.
Viel helfen im Haushalt musste ich schon als kleine Quiekse z.B. bei der großen Wäsche (alles mit der Hand rubbeln). Die Wäsche wurde in einem großen Kessel gekocht und mit einem Stock herausgefischt. Meine Mutter wusch die großen Stücke, ich bekam auf einen kleinen Schemel eine Wanne mit den Taschentüchern (Papiertaschentücher gab es noch nicht). Das Ganze wurde dann noch ein zweites Mal gekocht und anschließend 3-4mal in klarem Wasser gespült und aufgehängt.
Anschließend musste ich dann noch die Strümpfe waschen, die wurden beim 2. Waschgang umgedreht und von links gewaschen.
Das tägliche Geschirrspülen war auch meine Aufgabe (5-Personen-Haushalt mit Töpfen). An den Tisch reichte ich nicht heran, so kniete ich auf einem Hocker und spülte in drei großen Schüsseln. Erst mit Sodawasser, dann mit klarem Wasser, dann Abtropfen.
Abtrocknen musste ich meistens auch, denn meine

Brüder waren noch zu klein und meine Mutter hatte mit Haus, großem Garten, drei Kindern und Viehzeug (Hühner und Kaninchen) genug zu tun. Blieb mir dann noch Zeit, achja, Schule und Schularbeiten gab's ja auch noch. Ich ging gerne zur Schule, lernte gerne und machte mit Begeisterung Schularbeiten. Der Schulgeruch hatte zeitlebens etwas Faszinierendes für mich, deshalb war ich dann auch gerne Schulsekretärin und habe sogar auch noch selbst unterrichtet.
Blieb dann noch Zeit, ging ich zu meiner Märchengroßmutter über den Hof. Es war praktisch dasselbe Grundstück. Ich saß bei ihr im Herbst/Winter und sie erzählte Märchen. Wir saßen am Fenster im dunklen Zimmer und guckten auf die verschneite, erleuchtete Straße. Gegenüber war ein „Kolonialwarenladen", die erleuchteten Fenster, die aus- und eingehenden Leute. Wir aßen Äpfel und knackten Walnüsse, alles aus eigener Ernte. Manchmal schmorte meine Großmutter in der Röhre des großen Kachelofens einen Bratapfel oder fabrizierte mit einer Zeitung, die an den Ofen gebürstet wurde und dann langsam abgezogen, Sterne.
Mein Großvater war im Thams- und Garfs-Geschäft (Lebensmittel) von Tante Gertrud (Vaters Schwester) im Untergeschoss beschäftigt.
Im Sommer, wenn es lange hell war, ging ich zu meinen anderen Großeltern (10 Min. Fußweg) in den Kuhdamm, am Rand des Dorfes. Dahinter begannen die Oderwiesen. Meine Großeltern hatten

eine Kuh, Hühner, Gänse und eine Katze. Dort gab es immer wohlschmeckende dicke Milch, frische Butter oder saure Sahne aufs Brot. Auch köstliche Erdbeeren, die meine Großmutter liebevoll pflegte. Sie hatte auch wunderschöne Narzissen und Mombrezien.

Mein Großvater war ein sehr ordnungsliebender Mann, der seinen Hof im Muster harkte und wir Kinder durften nur auf bestimmten Pfaden gehen, sonst wurde er böse.

In seinen Ställen und seinem Werkstattschuppen herrschte vorbildliche Sauberkeit und Ordnung. Alle Metallwerkzeuge blitzten und waren gefettet und kein Stroh- oder Heuhälmchen lag dort, wo es nicht hingehörte. Er war ein großer, starker Mann, der zwar in jüngeren Jahren eine lebensbedrohliche Tb überstanden hatte, jetzt aber wieder in jedem Herbst in den Wald ging, 1 ½ Stunden Fußweg, und Stubben rodete.

Die knackten und knallten dann im Winter im Ofen und gaben gute Wärme. Meine Großmutter sah das gar nicht gerne, weil sie Angst hatte, die verkapselten Tb-Herde könnten wieder aufbrechen. Aber er hatte seinen eigenwilligen Kopf.

In unserer Straße (Breite Straße 62; Haupt- und Durchgangsstraße) gab es auf beiden Seiten große alte Kastanienbäume, die im Herbst viele Kastanien fallen ließen, aus denen wir Kinder Vieles bastelten. Meine Mutter gab uns dazu die Anleitung.

Tante Käthe (Mutters andere Schwester) war eine

ausgebildete Kindergärtnerin und meine Mutter hatte von ihr als junges Mädchen viel gelernt. Tante Käthe und meine Mutter hatten ein sehr inniges schwesterliches Verhältnis. Mit Tante Wanda nicht so sehr, sie hatte ein mehr wildes Naturell, ähnlich Karin (Käthes Tochter).
Tante Käthe und meine Mutter waren eher nachdenkliche, stille, verinnerlichte Menschen.

Noch ein Brief Ende November 2006

Ich bin mit dem Tod meiner „großen Schwester" aufgewachsen. Man war eben traurig, dass da ein nahe stehender Mensch, für meine Eltern das erste Kind, gestorben war. Darüber wurde immer wieder gesprochen, welch liebes Kind, die Krankheit, Lungenentzündung, die Ohnmacht der Ärzte und für meine Mutter das Schockerlebnis des Todes ihres Töchterchens. Sie war ein Leben lang immer unsere Lolo !
Der zweite Todesfall war dann mein Großvater väterlicherseits (Robert Otto Bernhard Völz, +19.3.1942), er kam mit Magenkrebs ins Krankenhaus nach Stettin (ca. 38 km entfernt). Da es noch keine Autos für alle gab, konnte man zu Besuchen nur mit der Bahn fahren. Da das wiederum ziemlich teuer war, fuhren nur die engsten Verwandten: meine Großmutter, Tante Gertrud, Tante Elisabeth, mein Vater – ich sah ihn nie wieder. Nur seinen Sarg zur Beerdigung, kann mich daran aber nicht mehr erinnern.

Mir selbst fehlte mein Großvater nicht, er gab sich mehr mit den Enkeln/Jungs ab ! Willi weiß noch viel von ihm. Mir stand meine Großmutter viel näher. Sie nahm mich oft in die Arme und weinte. Ich war ihr wohl ein großer Trost, liebte sie auch sehr.
Dann (1943) „fiel" Onkel Theo, mein Lieblingsonkel, Tante Gertruds Mann. Um ihn habe ich geweint. Habe an Tante Gertrud einen langen Brief geschrieben, der ihr wohl einigen Trost vermitteln konnte, sie hat mir das nie vergessen. Ich war <u>12</u> Jahre alt und wusste wohl schon, was der Tod bedeutete. Tante Gertrud war damals vorübergehend nach Schlesien gezogen mit ihren drei Töchtern, weil Onkel Theo dort mit erfrorenen Füßen (von der Russlandfront) lange im Lazarett gelegen hatte. Nach seiner „Genesung" kam er wieder nach Russland und fiel in den ersten Tagen. Das war ein sehr tragisches Erlebnis, das mich tief getroffen hatte und das ich auch bis heute nicht vergessen habe.
Meine kleine Schwester Mechthild (geb. 21.1.42) , war dann der dritte mir bewusst erlebte Todesfall, 1945. Es war die Zeit des Kriegsendes, Luftangriffe, der Russe stand auf der anderen Oderseite. Wir waren nach Luckow bei Ueckermünde geflüchtet, zu einem Bruder meiner Großmutter mütterlicherseits: meine Großeltern, Eltern, meine Schwester und ich. Armin und Willi (meine Brüder) waren mit Tante Wanda und einem Flüchtlingstransport nach Oldenburg gebracht

worden.
Meine Mutter und ich lagen in Ueckermünde mit Scharlach im Krankenhaus. Stettin war geräumt und Festung geworden. Der Russe beschoss Stettin und das ganze Jasenitz-Pölitz-Ziegenort-Ufer.
Meine Großeltern mit kleiner Schwester also nach Luckow.
Als wir aus dem Krankenhaus entlassen wurden, gingen auch wir nach Luckow. Alles z.T. auf Pferdewagen, z.T. zu Fuß. Dort infizierten wir meine Schwester mit Diphteriebakterien. Mit dem Pferdewagen brachten wir sie (in Decken gehüllt hielt ich sie auf dem Schoß, ich war 13 Jahre) ins Ueckermünder Krankenhaus. Sie starb nach drei Tagen, eine kurze Beerdigung auf dem Ueckermünder Friedhof. Ich sehe noch den kleinen weißen Sarg (1990 suchte ich dort vergeblich ach ihrem Grab). Am Tag drauf machten wir uns: mein Vater, meine Mutter, Großmutter, Großvater (80 Jahre) zu Fuß auf den Weg von Luckow nach Jasenitz (mind. 50 km).

Der Tod meiner Mutter kam dann sehr plötzlich (1979) und hatte mich zutiefst erschüttert.
Mit meiner Mutter war die Welt meiner Kindheit, Jugend und Mittelalters (Mutter war einfach immer nur da) zusammengebrochen --- Leere !
Wenn das Verhältnis auch nie besonders herzlich war, meine Mutter ging immer auf Distanz, so bedeutete mein Leben immer auch das Leben meiner Mutter. Ohne sie wäre mein Denken in eine

ganz andere Richtung gegangen, sie war mir innerlich sehr widersprüchlich eingestellt, geradezu entgegengesetzt. Aber das machte meine Entwicklung aus. Nun war dieser Widerpart, dieser Festpunkt, weggebrochen, daran habe ich lange geknabbert – gearbeitet.
Willi holte mich ab, wir fuhren gemeinsam. Ich konnte mich noch von ihr in der Leichenhalle verabschieden (die Zeremonie mit den Verwandten ist mir nicht mehr erinnerlich, war für mich völlig unwichtig). Irene (Armins Frau) schrie hysterisch dazwischen, ich würde mich vergiften, aber es lag in meinem Abschiednehmen etwas so Ehrfürchtiges, Überirdisches.
Vier Wochen vorher hatte ich ihr einen langen Brief voller Dankbarkeit geschrieben. Dass sie mit ihren Grundsätzen das beeinflusst hätte, was ich geworden bin und gelebt habe und ich dafür sehr dankbar bin : ehrlich und konsequent meiner Familie und meinen Pflichten gegenüber.
Nächtelang hatte ich in Rittershausen dann Licht (Vater schlief oben) und hielt Zwiesprache mit meinem Perückenkopf, in dem ich meine Mutter sah. Ich habe absoluten Frieden mit ihr gemacht – ein Kapitel, das Kindsein, war abgeschlossen, jetzt stand ich in meiner Verantwortung !

Es kam Heikes entsetzliche Krankheit **1976**.
Als Fr. Dr. Vogel die Diagnose Schizophrenie/Hebephrenie stellte und wir Heike hinter verschlossenen Türen und Gittern

zurücklassen mussten, hatte ich nur den Gedanken sie und mich auszulöschen. Das Entsetzliche ihr zu ersparen und es nicht selbst erleben zu müssen. Aber die Hemmschwelle war hoch und wir begannen 10 Jahre einen gemeinsamen schweren Kampf.
Den beendete Heike dann, nachdem ich mich geweigert hatte sie umzubringen, wozu sie mich anflehte !
Ich war völlig verzweifelt, dass ich sie nicht halten konnte.
Mein Kind --- lebensfroh --- mit 27 Jahren vorbei.
Ich hatte den Boden unter den Füßen verloren – Hannchen Billen (eine Nachbarin) sagte später: du liefst rum wie ein Huhn ohne Kopf.
Dazu kam noch dein Brief voller Vorwürfe und Anschuldigungen/Schuldzuweisungen. Nun hatte ich nicht nur Heike, sondern auch noch dich verloren.
Der Vater war mir nie eine Stütze, er hatte mit sich zu tun.
Auch wieder der Gedanke, an einem Hochsitz mein Leben zu beenden, es war so entsetzlich schwer, die ganze Zukunftshoffnung war zerstört, meine geliebten Kinder, für die ich mich von Hunden hätte zerreißen lassen, waren nicht mehr da.
Da waren meine Freunde da – Grahls, Bindlers, Sangesschwestern und –brüder, meine Landfrauen, Nachbarn, Theaterfreunde, sie alle fingen mich auf.
Die Landfrauen forderten mich, schickten mich zu Lehrgängen und allmählich begann die Außenwelt

wieder zu existieren. Die Außenwelt, die mich wollte, die mich brauchte. Ich musste meine Pflichten erfüllen und diese Pflichten brachten wieder Sinn in mein Leben.

Noch ein Brief Ende Dezember 2006

Viel Zeit hatte ich nicht zum Spielen. Meine Mutter hatte das Haus, den großen Garten, drei Kinder, alles musste geputzt, gewaschen und gepflegt werden und meine Mutter war sehr gewissenhaft. So fiel mir von Anbeginn der Existenz meiner Brüder zu, auf sie aufzupassen. „Du bist die Älteste, du bist verantwortlich", dieser Satz begleitete mich durch meine Kindheit.
Weiterhin musste ich bei der großen Wäsche (alle vier Wochen) helfen. Es gab keine Waschmaschinen, die Wohnung/Haus musste gefegt, gemoppt und Staub gewischt werden. Gewischt hat meine Mutter jede Woche einmal. Wir hatten Holzdielen, keine Teppiche, nur Läufer.
Im Garten jäten, hacken, Bohnen, Beeren pflücken, Möhren ernten, Kartoffeln puddeln, Kaninchenfutter, erst mit der Hand rupfen, später gab's eine Sichel.
Zur Schule ging ich auch noch, musste Schularbeiten machen, ich war eine gute Schülerin, die gewissenhaft und sauber arbeitete und gerne. Deshalb wurde ich dann mit 10 an die „Ober"schule empfohlen.
Ich las sehr gerne und wenn es die Zeit erlaubte,

viel. Erwischte mich meine Mutter mal über Tags beim Lesen, sagte sie: hast du nichts zu tun, hier ist ein Korb Strümpfe zum Stopfen – und mein Vater hatte kinderfaustgroße Löcher in seinen Strümpfen. Sie wurden nur wöchentlich gewechselt, denn alles musste alle vier Wochen mit der Hand gewaschen werden.
Taschentücher (es gab keine papierenen) und Strümpfe wusch ich in einer kleinen Wanne, die auf einen Hocker gestellt wurde. Meine Mutter wusch die großen Stücke und Leibwäsche in der großen Holzwanne. Nach jedem Waschtag, der dauerte von morgen ganz früh bis zum späten Abend (ab Mittag nach der Schule half ich dann), hatten meine Mutter und ich durchgescheuerte Hände – und ich war nie böse oder wütend, da muss ich mich heute noch wundern, das war eben alles so.
Hatte ich dann mal Zeit, ab ging's zu meinen Großeltern mit der Kuh, bei der ich stundenlang auf dem Melkhocker im Winter im warmen Stall saß. Das war heimelig, das war beruhigend, dort war Ruhe, Harmonie und Frieden.
Ebenso im Frühling und Sommer saß ich stundenlang bei den Glucken mit ihren Küken, wenn die so niedlich aus dem Gefieder ihrer Mutter guckten oder am Gänsekükenauslauf.
Oder ich saß winterabends oder winternachmittags bei der Märchengroßmutter; das alles waren meine schönsten Kindheitsstunden. Toben und Rennen war nie meine Sache. Ab und zu spielte ich auch mit den Kindern – ein paar Jungen – ein paar

Mädchen meines Alters auf der Straße, aber ich kann mich auch nur an die Wintermonate, wenn's dunkel war, erinnern. Wir spielten Nachlaufen und Verstecken.
Es begannen die Bombenangriffe. Von zuhause traute man sich nicht mehr weg. Zu jeder Zeit konnten die Sirenen heulen, alles flüchtete in die Luftschutzkeller und erwartete die Bombeneinschläge. Da dachte kein Kind mehr ans Spielen. 1942/43 wurden dann die Schulen evakuiert in entferntere Gebiete. Z.T. gingen die Eltern mit. Meine konnten nicht, das große Haus und Garten, meines Vaters Arbeitsstelle im Hydrierwerk, die Volksschule mit Armin und Willi blieb da, wurde nicht evakuiert.
Jasenitz gehörte nicht zum bombengefährdeten Gebiet, Pölitz ja – 5 km von einander entfernt. Dort waren wir (in Garz an der Oder bei Frankfurt/Oder) zu mehreren Kindern bei Familien untergebracht. Ich hatte großes Heimweh und habe viel geweint.
Im Sommer 1944 transportierte man uns nach Rügen. Dort bestimmte die HJ unseren Tagesrhythmus. Morgens Fahnenappell, Schule, gemeinsame Mahlzeiten, in Heimen untergebracht (ehemaligen Ferienpensionen) unter der Aufsicht von mehr oder weniger verständnisvollen Lehrern. Ich hatte verständnisvolle.
Wir zitterten alle um unsere Familien in der Stettiner Gegend, denn wir hörten täglich die Flugzeuge, die über Rügen einflogen und hörten

die Bombeneinschläge. Einmal kamen verbrannte Papierfetzen aus der Luft geflogen, man hatte Druckereien getroffen.
Das zu meinen Spielen in der Kindheit. Die glücklichsten und unbeschwertesten Jahre hatte ich bis zu meinem 10. Lebensjahr mit Großmüttern, Tieren und Puppenspielen in unserem großen Garten.

Am 20.1.2010 ging meine Mutter noch einmal auf meinen Wunsch, mehr über unsere Geschichte zu erfahren, ein:

1954 Goldene Hochzeit deiner Urgroßeltern Scheumann.

1954 studierte ich in Leipzig Chemiewirtschaft, hatte mit Scheumanns keinen Kontakt, der war 1952 abgebrochen, als dein Vater zum Studium nach Halle ging und meinte, eine Beziehung könnte ihn behindern.
Entsprechend war der Kontakt zur Silberhochzeit von Rudolf und Gertrud Scheumann (10.7.1951) noch ein sehr weitläufiger und mir ist von einer Feier auch nichts bekannt.

Meine Eltern Lotte und Willi Völz hatten 1952 Silberne Hochzeit, da war mein Vater grade aus dem Gefängnis Torgau sehr geschädigt, entwürdigt und gebrochen entlassen worden. Beide sind in die Kirche gegangen und haben sich im Rahmen eines Gottesdienstes segnen lassen, wir 3 Kinder (Lisa-Käthe, Armin und Willi) waren anwesend und haben ein bisschen gefeiert in Dankbarkeit, dass alles glimpflich verlaufen war. Wir wohnten, d.h., meine Eltern und Brüder, in Großdeuben in einem sehr gepflegten Villenviertel bei Leipzig in einem schönen Haus, ich habe Fotos aus der Zeit.
Im Lager (ehemaliges verwanztes und verflohtes Kriegsgefangenenlager) waren wir von 1946 Frühling bis 1949.
Ruth Rost und Alice waren Lagerfreundschaften, auch Camillo (Ruths späterer Mann), wie junge Leute so sind, hatten wir eine sehr schöne Zeit, haben viel miteinander gelacht, geklönt , geschwommen, hatten dort einen Löschteich, der unser Swimmingpool war; im Winter, es war eine ehemalige große Kiesgrube, die Hänge runtergerodelt, Schlittschuh gelaufen auf dem Teich und die Jungs skilaufen auf primitiven sog. Fassdauben gelernt.
Wir hatten ein kleines Gärtchen für Kartoffeln und Gemüse, Kaninchen und Hühner in Verschlägen, wie alle Lagerinsassen – es war überlebensnötig. Nachts zogen die Väter los, um auf den umliegenden Feldern Kartoffeln und Zuckerrüben zu klauen oder von durchfahrenden Güterzügen

Kohle. Wurde man erwischt, gabs drastische Strafen. Ich weiß von keinem Erwischten, wahrscheinlich in der Not drückten die Aufseher (und es gab viele) die Augen zu.
Am Tag gingen wir alle wie die Heuschrecken über die abgeernteten Felder und lasen die übriggebliebenen abgebrochenen Ähren auf. Wer zuerst kam – kannst dir die Hetze vorstellen ? – las am meisten.
Dann wurden sie in einen Sack/Beutel geschüttet, mit einem Stock gedroschen und auf den umliegenden (von der Grube) Hängen saßen wir dann im Wind, schütteten von einer Schüssel in die andere im hohen Bogen das Gedroschene, sodass die Spelzen wegflogen. Die übriggebliebenen Körner (Weizen war am beliebtesten) mahlten wir in einer alten Kaffeemühle und kochten Mehl-Schrotsuppe daraus. War zu der Zeit eine Delikatesse. Aus den geklauten Zuckerrüben, die gewaschen und geschnitzelt wurden, kochten wir Sirup, den wir zum Süßen oder als Brotaufstrich verwendeten. Alles roch nach diesem widerlich-süßen Zuckerrübensaft, so eine Mischung aus Futterrüben und Sirup im Geruch.
In dieser Zeit habe ich in Zeitz (ca. 1 Std. Fußweg) die Oberschule besucht. Alice und ich waren in der gleichen Klasse und gingen meistens gemeinsam (je nach Stundenplan). Sie war in der Parallelklasse.
1949 wechselte mein Vater vom Hydrierwerk Zeitz zum Hydrierwerk Böhlen bei Leipzig und meine

Eltern und Brüder zogen nach Großdeuben endlich wieder in eine richtige Wohnung und Haus.
Ich hatte noch 1 Jahr bis zum Abitur, bezog in Zeitz ein möbliertes Zimmerchen bei einer Lehrerswitwe, machte 1950 mein Abi und zog zu meinen Eltern. Dort hatte man inzwischen meinen Vater verhaftet und ich stand meiner Mutter bei, die völlig verzweifelt war. Ich machte einen landwirtschaftlichen Lehrgang zum Milchkontrolleur um unsere Familie zu ernähren. Meine Brüder waren noch in der Lehre und dass Mutti arbeiten gehen sollte, wollten wir nicht, Unterstützung gabs sonst von keiner Seite.
Das war eine sehr harte Zeit und als mein Vater nach 9 Monaten (ich holte ihn ab in Torgau bei Dresden) nach Hause kam, musste er als Arbeiter im Betrieb arbeiten.
Ich gab die Milchkontrolle auf, ging nach Zeitz zurück und begann und beendete eine Ausbildung als Chemielaborantin mit ausgezeichnetem Abschluss.
Als Folge davon durfte ich einen Studienplatz an besagter Chemiewirtschaftsschule haben. Dort wohnte ich im Internat und war als eine der Älteren die „Mutter der Kompanie". Das ganze „junge Gemüse" holte sich bei mir Rat und Hilfe. Den Jungs bügelte und flickte ich die Hemden, gestaltete in Chor und Gestaltung die Feste mit aus. 1 Jahr war das eine erfolgreiche, schöne Zeit. Aufgrund guter Leistung bekam ich ein Stipendium, mein Vater verweigerte mir jede

finanzielle Unterstützung, ging dann auch bald in den Westen nach Dortmund. Dort hatte er von Jasenitz noch alte Freunde und Kollegen. Im Sommer 1954 hatte mich Tante Käthe (Schwester meiner Mutter) nach Hamburg/Siek eingeladen. Dort angekommen, streikte die U-Bahn und ich lief von Ahrensburg nach Siek. Ich war begeistert, die gepflegten Straßen, Häuser, Geschäfte, ich hätte so bis ans Ende der Welt laufen mögen. Das Erste, was ich mir kaufte, ich hatte etwas Geld, hatten mir wohl meine Eltern mitgegeben ??, war eine „Burda" Strickmodenzeitschrift (gegen das Einerlei-Grau der DDR) und eine Dose Kondensmilch, die ich austrank ! Tante Käthe und Onkel Erich Prinz redeten mir zu, alle Zelte abzubrechen und neu anzufangen, zumal Eltern und Brüder auch im Westen waren inzwischen.
Ich besuchte Tante Gertrud Thieme (Schwester meines Vaters) in Großenkneten. Ich glaube, in Oldenburg gabs ein Lehrerseminar und ich wollte gerne das Studium anfangen, habe mich auch vorgestellt, aber es gab monatlich nur 60 DM Unterstützung und davon Zimmer und Auskommen … Die Arbeitslosigkeit war damals groß im norddeutschen Raum. Nebenjob aussichtslos, ich schreckte zurück und ging zurück zu Tante Käthe. Dort bekam ich 60 DM Arbeitslosenunterstützung, die ich wie erhalten sofort an Tante Käthe abgab. Stellenangebote in sämtlichen Zeitungen waren meine Hauptliteratur, inzwischen jobbte ich bei einem reichen älteren Ehepaar (er surrealistischer

Maler), die in Schleswig-Holstein einen Gutshof hatten und eine Villa in Großhansdorf.

Ich arbeitete als Dienstmädchen von 9-17 Uhr, putzte, kochte versorgte einen Papagei und zwei große Hunde. Für den Mann kochte ich Diät, er war magenkrank, das kannte ich von meinem Vater.
Von Zeit zu Zeit kam sie mit Körben voller Obst und Gemüse aus S-H und ich kochte ein.
Essen musste ich in der Küche, bekam Margarine, die Herrschaften speisten im Esszimmer und bekamen Butter. Aber ich hatte es warm und zu essen.
In der Zeit wohnte ich mit meinen Cousinen Karin und Christine (Käthe und Erich Prinz' Töchter) zusammen in einem Zimmer.
Eines Tages las ich (nach vielen unendlichen Absagen) wieder mal eine Stellenanzeige. Ich schrieb schon ziemlich mutlos eine Bewerbung und erhielt eine Vorstellungszusage in Wandsbek. Dort traf ich auf einen Dr. chem., der in seinem Haus im Keller ein kleines Forschungslabor eingerichtet hatte. Er arbeitete und forschte an Acryllacken, gab es damals noch nicht. Er arbeitete zusammen und wurde finanziell unterstützt von einem Chemiebetrieb in Mühlhausen am Rhein. Er selbst kam aus Köln, echter kölscher Jung. Er prüfte mich auf Herz und Nieren ------- und ------ nahm mich. Ich war selig.
Ich bekam 190 DM und Tante Käthe setzte sich mit Tante Milly in Verbindung, einer Cousine von

Onkel Erich. Tante Milly nahm mich bei sich in Fuhlsbüttel auf und ich konnte täglich mit der S-Bahn fahren.
Onkel Heinz, Tante Millys Mann, war Prokurist und viel auf Reisen, sodass ich mit Tante Milly alleine war. Beide mochten mich sehr und wir hatten eine wunderschöne Zeit miteinander. Das war 1955.
1954, als ich noch bei Tante Käthe war, hatte ich ihr von meiner großen Liebe Heinz erzählt. Sie hatte mir geraten, ihm unverbindlich eine Ansichtskarte aus HH nach Zeitz zu schicken (die alte Kupplerin). So kam es dann, dass wir wieder Kontakt zueinander fanden und Heinz von Tante Käthe zu Weihnachten eingeladen wurde. Heinz kam, wir verlobten uns (damals war mal eine Tauzeit im Grenzverkehr). Er fuhr wieder zurück und danach kam meine Wandsbeker-Fuhlsbüttler Zeit.

Brief vom 28.8.2010
Beantwortung diverser Fragen

… Familienfeiern in Jasenitz waren immer wunderschön, die Alten klönten und wir Kinder tobten draußen. Bei meinen Völzgroßeltern (wir hatten sozusagen ein großes gemeinsames Grundstück) lag unter dem großen Apfelbaum, Gravensteiner, ich aß ihn so gerne, immer ein großer Sandhaufen, da habe ich noch ein Foto, auf dem Ruth, Kurtchen und ich spielten. Darin spielten wir häufig.

Zu „Flucht in den Westen“:
Vater war in Neustadt/Dosse Oberschullehrer und hatte sich mit den Funktionären angelegt, weil er die Arbeitsernteeinsätze mit seinen Schülern verweigerte und ich hatte die „Wahl“ 1958 verweigert (d.h., das „Ja“ zur Regierung), weil man mir keine Besuchserlaubnis zu meinen Eltern und Brüdern nach Dortmund geben wollte. Da kam der nicht parteitreue Schulrat abends spät und riet uns, die DDR zu verlassen, weil Drangsalierungen auf den Vater zukommen würden, eventuell Verhaftung. Und da gerade Bußtag in Aussicht war und ich eine Überweisung in die Charité nach Berlin hatte, sind wir getrennt, erst ich, 1 Tag später der Vater mit euch mit der S-Bahn, die damals noch durch den Westsektor von Berlin fuhr, 1958 gab’s noch keine Mauer.

In Westberlin hatte Vater eine Cousine, der Mann, auch Lehrer, war ein SPD-Funktionär (Mitarbeiter von Willy Brandt). Dort schlüpften wir für eine Nacht unter und flogen dann von Tegel (?) aus nach Frankfurt/Main.

Die Goldene Hochzeit meiner Eltern habe ich nicht miterlebt. Vater hatte meine Eltern des Hauses verwiesen und so war der Kontakt jahrelang abgebrochen.

Mein Vater kam ins Gefängnis, weil er einem Freund im Westen in einem Brief unsere wirtschaftliche und politische Lage geschildert hatte. Der Brief wurde abgefangen und mein Vater von seinem Arbeitsplatz weg verhaftet. Wegen Verleumdung der DDR wurde er 9 Monate im Zuchthaus Torgau eingesperrt.

Verweigert hatte er mir jede finanzielle Unterstützung, weil er selbst zum Hilfsarbeiter degradiert worden war.

Mein Dr. in Wandsbek hieß Schleipen.

Dem Onkel in der Kindheit saß ich nicht auf dem Schoß, ich habe schon vor Schreck (ich hatte Angst vor ihm, warum weiß ich nicht. Ich habe später erfahren, dass er ein „Frauenheld" war) meine wertvolle Porzellanpuppe fallen lassen (auf dem Arm meines Vaters), als er sich uns näherte. Dieser

Onkel war der Mann der Schwester meiner Völzmärchengroßmutter.

Otto (Bruder von Lisa-Käthes Vater, vermutlich der Erstgeborene, Anm. d. Hrsg.) ist als ganz kleines Kind gestorben, wie meine Schwester Lolo, mehr weiß ich nicht.

Memoiren ARMIN VÖLZ, 1943/44

Es war das Jahr 1943, Goebbels hatte vor einem Jahr den „totalen Krieg“ ausgerufen und Görings „Weissagung“ war eingetreten --- er hieß auch schon etliche Monate „Meier“. --- Er hatte nämlich 1941 lautstark verkündet: Wenn jemals ein feindliches Flugzeug unsere Reichsgrenzen überfliegt, will ich Meier heißen !
Wir konnten kaum eine Nacht durchschlafen, denn es gab nur wenig Nächte, in denen die Sirenen keinen Luftalarm auslösten. 5 km südlich von uns an der Oder lag Deutschlands größtes und modernstes Hydrierwerk, Pölitz, mit 21 „Hochdruckkammern“ in denen fast ausschließlich Flugzeugbenzin hergestellt wurde. Deswegen hatten wir sehr oft „Nachtbesuch“ von den alliierten Bombenverbänden. Manchmal kamen sie auch am Tage mit Jagdgeleitschutz.
So auch heute wieder. Unsere Schule war zum Lazarett umfunktioniert und wir Kinder mussten etwa 2 km in einen benachbarten Ortsteil zur Schule.
Auf dem Weg dorthin trafen sich immer einige Kinder, sodass die Straße von mehr oder weniger kleinen Kindergruppen begangen wurde.
So waren wir zu viert unterwegs, mein 1 Jahr jüngerer Bruder Willi und noch zwei Schulkameraden.
Ein bedrohliches Brummen mit einem vermischten

Heulton löste in unseren Köpfen sofort Alarm aus --- „Jabos“ – also Deckung suchen.
„DECKUNG“ schrie es wie auf Kommando aus vier Kinderkehlen und jeder versuchte in einer anderen Richtung eine Deckung zu erreichen, um dem Stakkato der feindlichen Bordkanonen und Maschinengewehre zu entgehen.

Die alliierten Begleitschutzverbände hatten nämlich Weisung bekommen, nach erfolgtem Jagdschutz der Bomberverbände „freie Jagd“ ausüben zu können. Und so machten sie es auch … ob Vieh auf der Weide, ob Schulkinder, ob ihre eigenen gefangen genommenen Kameraden, die einer Landwirtschaft zugeordnet waren und gerade pflügten oder eggten bzw. bei der Ernte waren. Sie schossen auf alles, was sich bewegte und auf was es sich zu schießen lohnte.

Als das Donnern der Bordkanonen und Knattern der Maschinengewehre einsetzte, übertönte es die Motorengeräusche. Diese waren erst wieder zu hören, als sie das Feuer einstellten.
Wir hörten, nachdem die Flugzeuge weg waren, ein verhaltenes Wimmern; kamen dann hinter unserer gesuchten Deckung hervor und stellten schnell fest, dass einer einen Granatsplitter eines Explosivgeschosses, das sind 2-cm-Geschosse mit einer Sprengladung, die beim Aufprall explodieren, ins Bein bekommen hatte. Wir hatten noch mal Glück gehabt, denn es gab bei solchen

überfallartigen Angriffen auch schon Tote.
Der Dorfarzt Dr. Meylan war nur etwa 7-8 Min. von unserem Standort entfernt und so brachten wir den Verletzten direkt zur Behandlung dorthin. Die Wunde wurde notdürftig mit dem zerrissenen Unterhemd des Verletzten verbunden. ---
Dadurch kamen wir übrigen drei natürlich zu spät zur Schule.
Beim Betreten des Klassenzimmers half für das Zuspät-kommen auch kein zackiges „Heil Hitler Frau Lehrerin ! Wir sind in Jabobeschuss gekommen und haben einen Verletzten zu Dr. Meylan ...“
Nein --- die schnarrende Unterbrechung unserer Entschuldigung durch Frau Schmidt, eine 150%ige Nationalsozialistin, war : “Ein Deutscher kommt niemals zu spät !!! Ab in die Ecke, ihr hört den Unterricht von dort mit !“ --und nach einer kurzen Pause – „Das nächste Mal gibt’s zehn Hiebe mit dem Rohrstock auf den nackten Hintern !“
Das Geraune in der Klasse wurde dadurch beendet, dass es hieß : “Die ganze Klasse auf !! Den Rest des Unterrichts hört ihr im Stehen ! Ich werde euch schon Disziplin beibringen !“

Der Nachbar der Schule waren mein Großonkel Otto und Onkel August, zwei Junggesellen, deren Haushalt eine entfernte Cousine erledigte, während die beiden Onkels eine größere Landwirtschaft betrieben. Das Prunkstück des Hofes war ein kurz vor dem Krieg gekaufter riesiger Mähdrescher, der kaum auf die Straße passte. Auf den Hof gingen wir

in den Schulpausen bzw. eben noch mal nach der Schule. – Das blieb unserer Lehrerin nicht verborgen, die das „eigenmächtige Entfernen“ vom Schulhof, wie wir später feststellten, zunächst gar nicht mochte.
Wieder in der Schulklasse, wir mussten uns zum Ende der Pause vor der Schuleingangstür klassenweise in Doppelreihe aufstellen und im Gleichschritt in die Klasse marschieren, bellte die schnarrende Stimme von Frau Schmidt : „Beide Völz, was habt ihr auf dem Grundstück nebenan zu suchen ? Das ist eigenmächtiges Entfernen vom Schulterritorium !“
Meine Antwort :“ Es ist mein Onkel“ wollte sie, man konnte es an ihrer Mimik erkennen, verbal niederschmettern. Aus uns zunächst unerklärlichen Gründen machte sie jedoch den bereits sperrangelweit geöffneten Mund wieder zu und ging direkt zum Unterricht über.
Später bekamen wir heraus, warum dieser plötzliche Gesinnungswandel. Frau Schmidt kam täglich aus Stettin und hatte nur ihre Lebensmittelkarten zum Lebensunterhalt und das war nicht gerade üppig. – Durch geschickte Gespräche mit unseren Onkeln und deren Cousine (Verzeihung, man musste ja „Base“ sagen, um nicht das „feindliche“ Französisch gebrauchen zu müssen) konnte sie über die „benachbarte Landwirtschaft“ ihre Verpflegungsration etwas aufbessern. – Wir jedenfalls freuten uns seit dieser Zeit über die einigermaßen humane Behandlung in

der Schule. Bei Fliegeralarm waren wir zudem noch schnell im benachbarten Bunker, der hinterm Haus unserer Onkel von ihm gegraben worden war. Einige Tage später, unsere Schule lief wöchentlich wechselnd im Vormittags- bzw. Nachmittagsrhythmus ab, hatten wir wieder Nachmittagsunterricht; der ging bis 17 Uhr, wenn kein Luftalarm war. Ansonsten versuchte jeder, sich so gut es ging, auf eigene Faust in Sicherheit zu bringen.

Da wir ca. 20 Min. Schulweg hatten, war bei Fliegeralarm an's „Zuhause“ nicht zu denken. Wir liefen zum Bunker der beiden Onkel.

Und es kam wieder Alarm. Als die Sirenen aufheulten, griff jeder nach seinen Sachen, wir beide, mein Bruder und ich ab zu Onkels Nachbarbunker. In der Bunkertür blieben wir wie angewurzelt stehen ?!? Saß dort ein Gespenst, oder unsere Lehrerin ?

Wir täuschten uns nicht, sie war es. Kurz nach uns kam auch „Tante Guste“, so nannten wir die Haushälterin unserer Onkel, mit den beiden Hunden des Hofes, einem Riesenschnauzer und einem Bernhardiner. Der Bernhardiner, ein sehr scharfer Wächter, der auch unserem Vater schon einen Regenmantel zerrissen hatte, blieb gefährlich tief knurrend vor Frau Schmidt stehen. Da half auch kein Ordnungsruf von Tante Guste. Vor einem tätlichen Angriff rettete unsere Lehrerin nur, dass sie zur „Salzsäule“ erstarrt war.

Brusko, so hieß der Bernhardiner, ließ keinen

Fremden auf den Hof, außer uns beiden Jungen, uns akzeptierte er, ja, er hegte zu uns sogar eine gewisse Zuneigung und Freundschaft. Durch gutes Zureden beruhigten wir Brusko, sodass er sich legte. Sein Blick blieb jedoch wachsam auf die „fremde“ Person gerichtet.

Inzwischen hatte das Motorengedröhn der Bomberverbände ein fast orkanartiges Donnern angenommen und die Luft vibrierte bis in den Bunker. – Uns ging, Verzeihung, der Arsch auf Grundeis – ich musste an unsere Mutter zuhause denken, die nun mit unserer kleinen 2jährigen Schwester Mechthild alleine war. Sonst musste ich bei Abwesenheit unseres Vaters immer den Dachboden zwischen den Angriffswellen inspizieren (ich war 9), um eventuell durchs Dach geschlagene Stabbrandbomben wieder rauszuwerfen, wer sollte das nun tun ?
Die Stabbrandbomben waren Phosphorbehälter, die, sobald sie zerbrachen, Phosphor „spuckten“, das sich sofort entzündete. Das brennende Phosphor war nur noch durch Ersticken mit Sand zu löschen.

Es mussten, dem Zittern der Luft und dem Geräusch nach zu urteilen, wohl 400-500 Bomber in der Luft sein, vielleicht auch mehr. Das FLAK-Abwehrfeuer der 8/8 war zu einem wütenden Donnern angeschwollen, dazwischen die noch schwereren Schläge der 12cm-Eisenbahngeschütze.

In dieses Inferno mischte sich ein eigenartiges Pfeifen und Jaulen, das jeden Muskel und jeden Nerv in uns bis zum Zerreißen spannte.
Das Fallen Tausender Bomben – Sekunden noch und die Erde bebte, wie wenn sie aus den Angeln gerissen worden sei. Die Petroleumlampe war vom Haken gefallen und Tante Auguste hatte sie schnell wieder hingestellt, dadurch hatten wir wenigstens Licht im Bunker.
Die Onkel waren noch auf dem Feld – lebten sie noch ? – War unser Zuhause noch heil … viele Fragen standen in dem kleinen Raum.
Die Bombeneinschläge hörten auf, das Motorengedröhn in der Luft auch; die FLAK schoss nicht mehr.
Es lag wieder dieser eigenartige Geruch in der Luft, der von den frei gewordenen Explosionsgasen der Bomben herrührte. Da durch die Sirenen keine Entwarnung gegeben wurde, was nach Beschädigungen der Elektrizitätsleitungen oder sogar des E-Werkes vorkam, verließen wir vorsichtig den Bunker. Das Wohnhaus und die Stallungen waren heil geblieben, etliche Fenster im Haus jedoch zersplittert. Auf dem Hof „stand" ein Apfelbaum mit den Wurzeln nach oben auf seiner Krone – ein groteskes Bild --; wie sich später herausstellte, aus Nachbars Garten, der einen Bombentreffer bekommen hatte. Vom Hydrierwerk zog dichter, schwarzer Qualm auf.
Die beiden Männer kommen mit ernsten Mienen vom Feld zurück. Wir verabschiedeten uns und

gingen nach Hause. Auf dem Heimweg fing es an zu dämmern. Mutter weinte vor Freude, als sie uns gesund und munter wiedersah. Wir waren lediglich ziemlich verschmutzt, da wir auf dem Heimweg über einige Trümmerberge von zerbombten Häusern hinweg mussten.
Die Schularbeiten machten wir beim Schein einer Karbidlampe, da immer noch kein Strom war. Vorher musste ich aber noch auf den Dachboden und kontrollieren, ob noch alles in Ordnung war. Eine bange Frage, die aber keiner aussprach, beschäftigte uns alle – „hat Papa im Hydrierwerk das Inferno überlebt ?" … --
Er hatte, und sah sehr mitgenommen aus. Es sollte Hunderte von Toten und Verletzten im Werk gegeben haben, trotz Bunker. Wir setzten uns zum Abendessen, welches immer unsere Hauptmahlzeit war. So recht Appetit hatte jedoch keiner. Nachdem wir zu Bett gegangen waren, musste ich noch mal raus. Mir wurde nach so einer Nervenbelastung, wenn alles vorbei war, öfters schlecht und ich musste mich übergeben.

Nach so einem Großangriff hatten wir fast immer ein paar Tage Ruhe. Das reichte dem Hydrierwerk zum Wiederaufbau über der Erde, denn unterirdisch war es fast genauso groß und das Flugzeugbenzin wurde mit verringerter Kapazität weiterproduziert; und wir konnten die Schäden an unserem Haus notdürftig reparieren. Nach etwa einer Woche erschienen Fernaufklärer in sehr großer Höhe und

machten Aufnahmen vom Wiederaufbau. Bei diesen sehr hoch fliegenden Flugzeugen fühlten wir uns trotz des ausgelösten Luftalarms relativ sicher. Einzig die herabfallenden Granatsplitter der 12cm-FLAK konnten uns gefährlich werden, die 8/8 kam nicht so hoch.
Wir beobachteten das Sperrfeuer der Eisenbahngeschütze und plötzlich mischten sich in die schweren Abschüsse und Explosionen der Granaten das Feuer der leichten FLAK. – Es waren Ja-Bos unterwegs, die die schweren Geschütze im Tiefflug angriffen, und schon donnerten sie über uns hinweg. –
In dieses Motorengeheul ein Aufschrei; es hatte einen Aufklärer erwischt. Das Flugzeug zog eine Rauchfahne hinter sich her und stürzte ab. Dann konnten wir 3-4 Fallschirme ausmachen, die sich öffneten. Sie trieben aus etwa 5 km Entfernung in unsere Richtung. Der andere Aufklärer verschwand.
Mein Bruder und ich machten uns auf den Weg, wo wir die Herabschwebenden vermuteten. Kurze Zeit später, wir hatten den Ortsrand fast erreicht, kamen uns vier Soldaten von der FLAK und unser Ortspolizist mit den Gefangenen entgegen. Einige aufgebrachte Bürger versuchten die Flugzeugbesatzung tätlich anzugreifen, sodass sie durch die Soldaten und den Polizisten mit Waffengewalt daran gehindert werden mussten. Es wurden Rufe laut wie :“ Hängt diese Kerle auf !“ oder „Überlasst sie uns, damit wir unsere Toten

rächen können !" und viele andere Beschimpfungen. Für die Zivilbevölkerung waren sie die, die uns das Leid brachten. Im Dorf, die Gefangenen wurden zur Bürgermeisterei mit der Polizeistation gebracht, wurden die Aggressionen so massiv, dass Herr Beckmann, unser Polizist, von der Waffe Gebrauch machen musste. Die Soldaten hielten lediglich ihre Karabiner schussbereit. In den Gesichtern der Flieger konnte man das Entsetzen lesen.
Es war mein erstes direktes Zusammentreffen mit dem „Feind". – Eigenartigerweise verspürte ich keinen Hass gegen diese Leute, wohl aber eine eigenartige Feindseligkeit. – So sahen also die aus, denen wir den Tod unserer Schulkameraden und der zerbombten Häuser zu verdanken hatten – eigentlich so wie wir auch.
Ich war irgendwie enttäuscht, denn in der Zeitung und auf Flugblättern wurden sie immer wie Bestien dargestellt.
Zuhause fragte ich meinen Vater: „Papa, was geschieht mit den Abgeschossenen ?"
„Sie kommen ins Gefangenenlager", antwortete er, „und vielleicht kannst du einen von ihnen beim Bauer Schmidt als Landarbeiter oder beim Kohlehändler oder in der Steffenschen Mühle als Arbeiter sehen, denn es müssen immer mehr Männer von uns in den Krieg."
Der nächste Angriff ließ nicht lange auf sich warten. Es war ein Nachtangriff über etwa 5 Stunden, bei dem „Langenstücken", ein Ortsteil nur

aus Bauernhäusern bestehend, vollständig dem Erdboden gleich gemacht wurde. Von Menschen und Tieren blieb ebenfalls kaum etwas übrig. In der Schule wurde für 4 tote Schüler eine Andachtsminute abgehalten.
Das Werk hatte diesmal kaum etwas abbekommen, da der „Pfadfinder und Navigator“, das erste Vorausflugzeug, das mit „Christbäumen“ das Bombenabwurfgebiet markierte, von der FLAK abgeschossen wurde und auf Langenstücken stürzte, welches beim Eintreffen der Bomberverbände folglich teilweise brannte. Die Bomber meinten das Werk brennen zu sehen und luden Tonnen von Bomben über ca. 10 Bauerngehöften ab.
„Christbäume“ nannten wir Leuchtmarkierungen, die an langsam fallenden Fallschirmen gesetzt wurden und als Markierung für den Abwurfbereich der Bomben dienten. Je nach Wind trieben diese jedoch ab und es kam immer wieder zu Fehlwürfen.

Das Weihnachten 1943 war das erste, das wir im Luftschutzkeller verbringen mussten, da die Alliierten uns entgegen eines ungeschriebenen Gesetzes diesmal keine Ruhe ließen. Es war jedoch nur ein kleiner Verband, der in sehr großer Höhe seine Runden drehte und in unregelmäßigen Abständen einige Bomben fallen ließ. – Es war ein reiner „Zivilterror“, der da betrieben wurde.

Pfingsten 1944 – es gab kaum eine Nacht, in der wir schlafen konnten und die Amerikaner flogen häufig schwere Tagesangriffe. So war auch unsere Verfassung. Wir lebten mit der Angst und immer bereit, in den Luftschutzkeller zu flüchten.
Mutter hatte am Pfingstsonntag noch Kuchen gebacken und wir freuten uns am Pfingstmontag darauf, dass Papa bald vom nächtlichen Bereitschaftsdienst zurückkam.
Zwischen 9 und 10 Uhr wurde ohne den sonst obligatorischen Voralarm sofort Vollalarm gegeben und in das Sirenengeheul rauschten bereits die Bomben, die aus relativ tief fliegenden Verbänden herabfielen.
Die Fenster im Keller waren mit dicken Bohlen geschützt, um bei Treffern in der Nähe Glassplittereinwirkungen zu vermeiden.
Wir stürzten, während draußen die Bomben detonierten und die Fenster und Türen zerbarsten, in den Keller. Das Atmen fiel uns schwer, da durch die Druckwellen, eindringenden Explosionsqualm und Staub Erstickungsgefahr drohte. – Oh Gott, wo waren denn unsere Gasmasken ? – Nachdem die 1. Angriffswelle vorüber war, lief Mutter schnell in die Küche, holte einen Eimer Wasser und Geschirrtücher. Im Keller machten wir diese nass und banden sie uns vor Mund und Nase. So konnten wir wenigstens einiges abhalten und das Atmen wurde einigermaßen erträglich.
Die 2. Angriffswelle kam und in dem Inferno fing unser Haus an zu schwanken – es war für uns die

Hölle; Mutter betete und wir vier Kinder wimmerten vor Angst vor uns hin. Meine älteste Schwester Lisa-Käthe (13), die vom KLV-Lager über die Feiertage bei uns war, bekam einen Schreikrampf.
Es folgten noch einige Angriffswellen, zwischen denen wir im Haus nach dem Rechten sahen, uns um Nachbarn kümmerten, deren Häuser zerstört waren, die jedoch mit heiler Haut davongekommen waren.
Die Bergungs- und Räumtrupps arbeiteten auch während der Angriffe, um Verschüttete und Verletzte zu bergen. Die gegenüberliegende Straßenseite hatte es besonders schwer erwischt. Luchts Haus mit 4 Familien hatte einen Volltreffer und war in sich zusammengestürzt. Der Luftschutzbunker bei ihnen im Garten ebenfalls. Die beiden Häuser links und rechts daneben waren so schwer beschädigt, dass sie unbewohnbar waren. Weiter hinten zur Schule rüber gab es auch schwere Zerstörungen. Die Schule, die zum Lazarett umfunktioniert war, hatte einen Treffer im Seitenflügel, der Luftschutzbunker auf dem Schulhof einen Volltreffer. Es gab viele, viele Tote und Verletzte.
Als die Angriffe vorüber waren, herrschte im Ort eine eigenartige, beklemmende Stille. Die Sirene gab, da der Strom ausgefallen war, keine Entwarnung. Stattdessen fuhren mit Fahrrädern die Bediensteten der Bürgermeisterei durch die noch befahrbaren Straßen und riefen Entwarnung aus. Es

war mittlerweile gegen 18 Uhr und über der Landschaft lag ein eigenartiges Geruchsgemisch aus Brandqualm, detoniertem Sprengstoff, Bauschuttqualm und Flugzeugmotorenabgasen. Wer noch 2 gesunde Hände hatte und kräftig genug war, half beim Schuttabtragen, um nach evtl. Verletzten zu suchen. So standen auch Schulkinder auf den Trümmerbergen und versuchten, so gut es ging Bauschutt zur Seite zu räumen.
In Luchts Bunker hatte keiner überlebt, er war ein einziger großer Krater. An den Resten des Hauses versuchten wir Dachbalken und Bretterverschalung voneinander zu trennen und beiseite zu räumen, um so an die Mauertrümmer zu kommen, die über den Kellergewölben lagen. Bei diesen Arbeiten bargen wir meinen Schulfreund Hansi Gollin, der noch total benommen war und jegliches Orientierungsvermögen verloren hatte – aber er lebte.
Im Keller dagegen hatte niemand überlebt. Hansi war somit nun ohne Geschwister und Halbwaise. Sein Vater war an der Ostfront und seit Wochen vermisst.
In einiger Entfernung eine schwere Detonation. Ein Blindgänger, der bei Aufräumungsarbeiten detonierte ? –
Nein. – Wie ein Lauffeuer ging es rund. –
Sie haben Zeitzünderbomben geworfen ! Alle Kinder unter 10 Jahren nach Hause ! Zuhause angekommen besahen wir uns erst einmal den eigenen Schaden. Mutti war dabei, den Dreck, der

bei den Explosionen durch Türen und Fenster ins Haus geschleudert worden war, mit Schaufel und Besen zusammenzutragen und nach draußen zu bringen.
Sie wischte sich immer wieder die Tränen aus dem Gesicht.
Es war kaum eine Fensterscheibe heil geblieben und die Türen, soweit sie geschlossen waren, waren aus den Angeln gerissen. Unser Haus hatte auf der Rückseite einen 1-2 cm breiten Riss vom Giebel bis in den Keller bekommen. Die Schuppen, der Ziegenstall sowie Kaninchen- und Hühnerstall waren beschädigt und die Tiere liefen im Hof, Garten und auf dem Feld frei herum. Wir räumten, so gut es ging, auf. Unser Vater kam endlich heim und meinte, es gäbe unterwegs und im Werk schwerste Zerstörungen und Verwüstungen.
Man sah es auch an den dicken Rauchwolken, die überall in den Himmel zogen. Überm Hydrierwerk stand eine mehrere Kilometer breite, schwarze Qualmwand, die, wie wir später hörten, noch 80 km weit deutlich sichtbar war.
Vater reparierte notdürftig die Ställe und wir versuchten, das Vieh wieder einzufangen, das ebenfalls durch das Bombardement verstört und verängstigt war. Diese Arbeit dauerte bis ins Dunkelwerden. Wie gut, dass wir Fensterläden vor den Fenstern hatten, so mussten nicht auch noch in der Nacht die Fenster vernagelt werden.
Mangels elektrischer Beleuchtung wurden Kerzen und eine Karbidlampe angebrannt. Der am Sonntag

gebackene Pfingstkuchen war voller Glassplitter und somit nicht essbar. Mutti meinte traurig, „Was der Sonntag erwirbt, das der Montag verdirbt“ ist ein altes Sprichwort und hat bis heute Gültigkeit“. – Sie hatte auf dem Kohleteil unseres Herdes ein provisorisches warmes Essen zubereitet, damit wir an diesem Tage wenigstens etwas Warmes hatten, denn der Feiertagskaninchenbraten war ebenfalls ungenießbar.
Unser Vater ging in den folgenden Tagen zu Fuß zur Arbeit, da, wie wir erfuhren, Straße und Weg zum Werk teilweise nicht befahrbar waren. Er hatte nach dem Angriff sein Rad über weite Strecken tragen müssen.
15 m hinter unserem Haus war ein 5 m tiefer Bombentrichter. Diese Explosion hatte den Riss an der Rückseite des Hauses verursacht und die Räume unseres Hauses verwüstet. Vater rechnete so nebenher aus, dass wir nur um Sekundenbruchteile einem Volltreffer entgangen sind. – Die Gasmasken fanden wir wohlverpackt im Esszimmerschrank. Sie wurden, da uns diese „Wegpacksucht“ unserer Mutter fast das Leben gekostet hatte, fortan im Luftschutzteil des Kellers griffbereit aufbewahrt.

Im Saal des Dorfgasthauses hatte der Reichs-Arbeits-Dienst (RAD) bereits am Dienstag eine große Glaserei eingerichtet, sodass im 24-Stunden-Betrieb alle zu Bruch gegangenen Fensterscheiben wieder repariert wurden. Lediglich Stall-, Dach- und Bodenfenster waren davon ausgenommen.

Diese reparierten wir selbst aus größeren Bruchstückresten. So habe ich das erste Mal in meinem Leben Fenster verglast, eingewiesen wurde ich hierin vom RAD. Diese, zum größten Teil 16-18-Jährigen hatten ihre Freude daran, uns Kindern zu zeigen, wie die alten Glasbruchstücke entfernt wurden, neue Scheiben zugeschnitten und wieder eingebaut wurden.
So begann die Vorbereitung der 9-jährigen Schüler zur Eingliederung in die Luftschutzstaffel, in die wir ab 10tem Lebensjahr vollständig integriert wurden.
Strom gab's auch wieder.
Da noch Pfingstferien waren, gingen mein Bruder und ich mit Hansi Gollin, der seine Mutter und Geschwister beim Angriff verloren hatte, des öfteren zu seinem Onkel. Dieser hatte an der Mündung eines kleineren Flüsschens (Aalbach genannt), der in die Oder mündete, eine Boots- und Yachtwerft.
Dort am Wasser konnten wir beim Bootfahren für einige Stunden die schrecklichen Erlebnisse verdrängen. Wir fühlten uns dort auch einigermaßen sicher, da in den Oderwiesen keine Bomben gefallen waren. Unserer Mutter gefiel diese Abwesenheit jedoch weniger gut. Es könnte ja wieder Fliegeralarm geben und dann wäre sie ohne uns Jungen im Haus und außer Vater und mir ging keiner auf den Dachboden, um die Luftschutzgerätschaften zu überprüfen oder nach evtl. Brandbombenblindgängern zu suchen.

Einige Tage nach dem Pfingstangriff wurden auf Sonderabschnitte der Lebensmittelkarten für alle Orte um das Hydrierwerk ein gewisses Quantum Südfrüchte und pro Kopf eine Schachtel Fliegerschokolade ausgegeben. Mutter verteilte allabendlich diesen für damalige Verhältnisse kostbaren Schatz an uns Kinder. Meine Schwester, die wieder in die Kinderlandverschickung musste, bekam eine Extraration mit.
Vor einigen Wochen fand ich auf dem Dachboden eine Stabbrandbombe, die durch die Dachziegel geschlagen war. Diese warf ich aus der Dachluke, wobei sie unglücklicherweise in der Dachrinne landete, zerbrach und zu brennen begann. Ich schüttete so lange Sand hinterher, bis das Feuer erstickt war. Vater holte sie dann abends mit einer Leiter, einer langen Schmiedezange und einem Blecheimer herunter. Sobald Luft an den Phosphor kam, entzündete sich dieser wieder. Er hat das Ding im Garten vergraben.

Großvater (Wilh.Alb.Ferd. Pflugradt) hatte außer seiner Segelyacht (ein 8 m Kajütkreuzer) noch eine „Piratenjolle“, auf die er sehr stolz war. In seiner Gegenwart durften wir Jungen sie auch mal alleine segeln. Durch die permanenten Tiefflieger-Jabo-Angriffe auch auf uns Kinder hatte er uns jedoch das Segeln aus Sicherheitsgründen vollständig verboten. Denn einmal draußen hatten wir gegen die plötzlich auftauchenden „Terrorjäger“ keine Chance.

Die Pfingstferien waren vorbei, das Wetter war herrlich und nach dem Großangriff herrschte einigermaßen Ruhe. So gingen wir, mein Bruder und ich nach der Schule herunter zum Karl-Raddaz'schen hafen, ließen den „Piraten“ trotz des Segelverbots ins Wasser, machten ihn segelklar und ab ging's. Die Schulranzen wurden in der Bootshalle abgelegt.
Opa war ja nicht da und würde wohl auch nicht kommen.
Es war wirklich herrlich, mal wieder „draußen“ zu sein.
Mulmig war uns schon ein wenig, was würde passieren, wenn doch ein Jabo aufkreuzte ? Wir blieben relativ nahe beim Ufer und segelten nicht weiter als 300-500 m hinaus.
Die Rettungskragen hatten wir sicherheitshalber angelegt, man konnte ja nie wissen …
Ein dumpfes Brummen ließ uns hochschrecken, es kam vom Haff … und da war er. Der Jäger kam vom Norden im Tiefstflug. Es schien, als würde er auf den Wellen reiten, so tief flog er. Der Jabo hielt direkt auf uns zu. An eine Flucht an Land war nicht zu denken, dazu war er zu schnell; und dann begann das Stakkato der Bordwaffen ! …
Als ich die ersten Einschläge auf dem Wasser sah, brüllte ich „Willi raus !“ und machte selbst einen Satz ins Wasser. Die Schoten führten wir gottseidank aus der Hand, sodass das Boot sofort an Fahrt verlor und wir uns am Süllrand (?) festhalten konnten. Zwei kurze Stöße im Boot und

er war über uns weg. –
Das Stakkato der Bordwaffen verstummte und das Motorengedröhn verstummte in der Ferne. Würde er noch mal zurückkommen und einen erneuten Angriff fliegen ?
Das Boot begann langsam zu sinken und wir beide sahen uns über die Bordwand hinweg entsetzt an. – Nicht wegen des Angriffs, nein, das waren wir ja zur Genüge gewohnt.
Was würde Opa sagen, wenn er das Boot sah ?
Es war mittlerweile vollgelaufen, jedoch der Auftrieb des Holzes hielt es an der Oberfläche des Wassers. Wir ließen uns langsam zum Ufer treiben und bedienten im Wasser schwimmend das Ruder. –
Wie gut, dass wir die Rettungskragen angelegt hatten, sonst hätten wir wohl kaum das Ufer erreicht.
Voller Entsetzen sahen wir unseren Großvater am Ufer mit gespreizten Beinen, die Hände in den Hüften, stehen. Er stand da wie eine Statue und bewegte sich nicht.
Am Ufer angekommen holte er uns wortlos aus dem Wasser und versohlte uns kräftig den Hintern. Dann löste sich seine Anspannung und er schimpfte: „Ihr hättet tot sein können !Ihr seid wohl total verrückt !“ In der Aufregung hatte er alles in Plattdeutsch ausgesprochen. Beim Rausholen des Bootes stellten wir fest, dass es einen Durchschuss in der achteren Plicht hatte und einen zweiten im Bug. Wir hatten wirklich „Schwein“ gehabt.

Es war das letzte Segelerlebnis im Krieg.

Die Bombentage und –nächte wurden immer häufiger, es gab fast täglich Fliegeralarm, manchmal sogar mehrmals innerhalb der 24 Stunden. Bedingt dadurch war auch sehr häufig Schulausfall. Die Lehrkräfte sagten uns deshalb bereits am Anfang des Unterrichtes, welche Kapitel und Abschnitte in den Schulbüchern durchzuarbeiten wären, falls der Unterricht unterbrochen werden müsste. Ferner wurde uns eingebleut, möglichst den Aufenthalt an den Fenstern zu vermeiden, da die Tiefflieger auf jeden Schatten hinter den Fenstern sofort das Feuer eröffneten. Mein Bruder und ich hatten auf dem Hinterhof und im Garten je einen kleinen Bunker gebaut, in den wir uns bei feindlichen Tieffliegern flüchten konnten, denn sie kamen so plötzlich, dass kein Fliegeralarm ausgelöst werden konnte. Und zum Haus zu laufen war zeitlich nicht möglich. Wir waren immer froh, wenn die Sperr- und Fesselballons der Luftwaffe am Himmel standen, denn dann waren die Jabos gezwungen, höher zu fliegen und man konnte sie zeitiger entdecken und hören.
Es passierte auch, dass sich ein Sperr- bzw. Fesselballon bei Wind losriss und davon flog oder durch einen Tiefflieger abgerissen wurde, der dann abstürzte. Für die Piloten und Bordbesatzungen war dann ein „Aussteigen“ mit dem Fallschirm nicht mehr möglich; sie kamen meist beim Absturz ums

Leben oder wurden schwer verletzt geborgen.
Da der Auftrieb der Ballons durch Wasserstoff erfolgte, trieben sie in der Luft so lange, bis so viel Gas entwichen war, dass die Ballonhülle schwerer wurde als der Auftrieb; dann kamen sie irgendwo herunter. Die gummierte Sperrballonseide war bei der Bevölkerung sehr begehrt. So auch im Herbst des Jahres 1944.
Auf einmal knatterte und flatterte es in der Luft sehr unregelmäßig und laut. Als wir nach der Ursache schauten, trieb ein riesiger Sperrballon halb leer mit dem Wind direkt über die Dächer genau auf den Hof des Nachbarn. Er stieß gegen die Stallungen und die Tischlerwerkstatt, dann blieb er als „wabberndes" Ungetüm im Hof liegen. Wir Kinder rannten natürlich sofort rüber, denn sonst sahen wir die Ballons nur aus der Ferne. Nun war aber einer dieser Dinger direkt vor uns zum Anfassen.
Als wir auf dem Hof ankamen, war schon ein heilloses Treiben und Durcheinander von Schaulustigen zugange.
Und siehe, auch das Militär war zur Stelle und beschlagnahmte den „ausgerissenen" Ballon. Nach eingehender Inaugenscheinnahme durch die Soldaten wurde der Ballon jedoch freigegeben, denn er hatte beim Treiben über die Dächer an den Schornsteinen, Dachkanten und –haken so viele Beschädigungen und Risse bekommen, dass sich eine Reparatur für das Militär nicht mehr lohnte. Unser Nachbar war nun „glücklicher" Besitzer

eines riesigen gummierten Seidentuches geworden. Am Abend kam Herr Rutzen (so hieß unser Nachbar) zu uns mit einem großen Stück Stoffes und übergab es uns. „Hier, Lotte und Willi, macht was draus“, sagte er zu meinen Eltern. „Es gibt mindestens für jeden von euch einen guten Regenmantel.“ Sie saßen noch eine gute Weile zusammen, um über die an allen Fronten kritische Kriegssituation zu sprechen.
Opa, der zwischenzeitlich hinzugekommen war, meinte zu unserem Nachbarn und meinen Eltern gewandt, „nun müt he mit'n Krieg langsam Schluss moken, de Front steiht jo all im Reich.“ Er meinte damit Hitler, denn die Leute hofften immer noch auf die Möglichkeit eines Waffenstillstandes; aber das war eine ganz große Fehleinschätzung der Lage, wie sich später herausstellte.
Die Russen bzw. Sowjets standen nun schon auf der anderen Seite der Oder. Die ersten Artillerieabschüsse waren uns noch unheimlich. Inzwischen haben wir uns aber daran gewöhnt, dass sie sogar mit weitreichender Artillerie bis in die Oderniederungen auf unserer Seite schossen. Nachrichten kamen nur noch spärlich durch, es gab häufig Stromausfall. Unser Vater hatte daher die Wasserpumpe im Keller, wir hatten eine eigene Wasserversorgung über Brunnen im Haus, so umgebaut, dass während der Stromversorgung über Motor wie bisher Wasservorrat in den Druckkessel gepumpt wurde. Bei Stromausfall haben wir mit einem Fahrrad über eine Transmission am

Hinterrad manchmal den Kessel gefüllt.

Lisa-Käthes Bruder Armin hat eine schematische Biografie erstellt, die ich der Vollständigkeit halber hier gerne einfügen möchte:

JAHR	ZEIT - LEISTE	BIOGRAPHIE	ENTWICK-LUNGS-AUFGABE	KRISE/ WENDE-PUNKT	LEBENS-THEMEN
Geb. am 28.01.1935	Beginn des Krieges	Armin ist von fünf Geschwister der zweitälteste. Lisa-Käthe ist die Älteste und Willi ein Jahr Jünger als Armin. Seine jüngeren Schwestern sind in der frühen Kindheit gestorben.			
1935	1941	Glückliche Kindheit			
1941	1945		Volksschule		
1942	1945	Traumatische Kriegserlebnisse durch Bombenangriffe			
	1945	Armin und sein Bruder wurde von den Nazis in ein ruhigeres Kriegsgebiet gebracht		Trennung von den Eltern/Kinder-Land-Verschickung	
	1946	Rückführung durch die Siegesmächte in die Heimat.		Armin und sein Bruder kamen zu den Eltern zurück	
	1947	Vertreibung aus der Heimat durch Besatzungsmächte; in die Stadt Böhlen bei Leipzig.		Vertreibung	
1947	1950	Es folgten viele Jahre der Entbehrungen, wenig zu Essen, keine Meinungsfreiheit.	Grundschule DDR		
1950	1953		Lehre als Zimmermann.		
	~~1985~~ 1953	Armin hat an dem Volksaufstand gegen den Kommunismus teilgenommen und musste danach in den Westen flüchten.		Flucht aus der DDR	
1953	1958	Armin arbeitete mehrere Jahre als Zimmmermann.			
1958	1960		Studium zum Ingenieur		
1960	1962	Armin arbeitete als technischer Zeichner			

		und Bauleiter			
1960	**1999**	Armin heiratete und wurde Vater von zwei Söhnen.			Ehe
	1961	Kontakt völlig abgebrochen			Geburt des ersten Sohnes
	1964	Sehr guten familiären Kontakt			Geburt des zweiten Sohnes
1962	**1964**	Armin wurde bei der Bundeswehr zum Oberfeldwebel und Fahrlehrer ausgebildet. In dieser Zeit wurde er als Sicherheitsoffizier eingesetzt. In den letzten zwei Jahren absolvierte er sein zweites Studium in Hoch- und Tiefbau.	Ausbildung zum Oberfeldwebel und Fahrlehrer.	Bundeswehr Zeitsoldat.	
1972	**1974**		Studium in Hoch-und Tiefbau		
1974	**1998**	Armin Arbeitete bei der Straßenverwaltung in Rheinland-Pfalz als Bauwerksprüfer.		Bauwerks - prüfer	
	1996			Scheitern seiner Ehe. Räumliche Trennung	
	1998	Armin ging in Rente. So konnte er sich seinem großem Hobby, dem Segeln widmen. Nach dem Armin sein Berufsleben beendet hatte, beschäfftigten ihn die traumatischen Kriegserlebnisse zunehmend. Diese hat er mit Therapeutischen Hilfe aufgearbeitet.		Beginn des Ruhestandes. Kennenlernen seiner jetzigen Frau.	
	1999 **2001**	Armin zog nach Konstanz. Armin hat sich gut in Konstanz eingelebt und einen Freundeskreis aufgebaut. Armin heiratete		Umzug von Koblenz nach Konstanz	Zweite Ehe-schliessung

	2003	Armin bekam aus dem Nichts heraus einen Herzinfarkt, dies hat ihn sehr traumatisiert. Danach war er körperlich nicht so fit, was ihn sehr belastete. Zu diesem Zeitpunkt wurde das Thema Sterben zu unserem Begleiter.		Herzinfarkt	Sterben	
	2oo4	Armin hat sich gut erholt und kann weiterhin aktiv Segeln.		Op beider Carotiden		
	2009			2. Herzinfarkt		

Memoiren von Karin David, geb. Prinz, Cousine von Lisa-Käthe Völz

Begonnen am 2.2.2003

Ich, Karin David, geb. Prinz, geboren am 29.3.1936 in Stettin, schreibe in jahreszeitlicher Folge, nach den Tagebüchern meiner Mutter, das Erleben + Leben unserer Familie dar.
Dazu gehören meine Eltern, meine Schwester Christine, geb. 23.12.1940 in Stettin, sowie später mein Mann Günter, geb. 14.8.1935 in Bütow/Pommern, meine Kinder Torsten, geb. 9.4.1956, Michael, geb. 29.3.1957 und Thomas, geb. 11.5.1961, alle in Hamburg, sowie nach dem Tode meines Mannes mein Lebenspartner Dieter Schrader, geb. am 17.3.1939 in Hude.
Unser Wohnort vor dem Krieg: Ziegenort, Neuwarperstr. 32, heute Polen.
Im April **1942** wurde ich eingeschult in Ziegenort.
Am 7.3.**1945** begann die Flucht vor den Russen. Meine Mutter war eine Rotkreuzschwester und wurde als Begleitung für typhuskranke Kinder eingeteilt. Meine Schwester und ich sowie unsere Nachbarin Ella Schewe mit ihren drei Kindern. Wir hatten ein Abteil für uns alleine.
Am 21.3.1945 sind wir in Wesermünde-Lehe eingetroffen. Dazwischen lagen die schrecklichsten 14 Tage unseres Lebens.
Trotz Rotkreuzbemalung auf dem Zug wurden wir

beschossen. Ich sehe noch heute, nach 50 Jahren, die Tiefflieger neben unserem Zug. In Wäldern hielt der Zug bei Fliegeralarm, sodaß wir Schutz suchen konnten unter den Bäumen.
Immer wieder wurden uns die Lokomotiven weggenommen, weil sie für die Soldaten in Richtung Front gebracht wurden. Zum Schluss hat ein 14 Jahre alter Junge die Lokomotive gesteuert. Frauen aus dem Zug haben die Lokomotive beheizt. Ich erinnere mich noch, dass wir wie der Teufel gefahren sind. Aber dazu brauchte es nicht viel, schließlich war der Teufel in Gestalt der Russen, ja auch hinter uns her.
In Wesermünde-Lehe wohnten wir bei der Schwester von Tante Ella Schewe. Die hatten eine riesige Wohnung, alleine der Flur war, in kindlicher Erinnerung, 10m lang, schließlich konnte man da mit dem Roller fahren.
Die Familie hatte 9 oder 10 Kinder, so genau weiß ich das nicht mehr, nur, dass das jüngste Kind im Jahre 45 geboren wurde. (Otto hieß er.)
Als am 8.5.45 die Kapitulation kam, mussten wir aus dem Haus raus, Besatzung durch Amerikaner, und wohnten auf dem Güterbahnhof in einem winzigen Zimmer, ganz oben unterm Dach.
Unten auf den Gleisen stand ein Zug mit Amerikanern. Da ging es uns richtig gut. Wir bekamen Apfelsinen, Bananen, Schokolade und Kaugummi. Der Küchenwagen mit den Köchen Bob und Don schickte uns die großen Kessel mit Kuchenteig rauf, sodass wir von den Resten auch

noch Kuchen backen konnten.
Ich hatte auch schon einen Freund. Er hieß Leo und war 19 Jahre alt, ich war damals 9 Jahre. Er hat mir dann ab und zu mal seine Armbanduhr geliehen, mit der ich mich voller Stolz habe fotografieren lassen.
Und dann gab es da einen Soldaten, den nannten wir immer „Zwiebelklauer". Warum, weiß ich nicht, vielleicht weil er als Küchenhilfe gearbeitet hat.
Auf jeden Fall haben wir ihn geärgert und er rannte hinter uns her. Ich weiß nicht, wo die anderen geblieben waren, er war mir kurz auf den Fersen. Ich habe geschrieen wie am Spieß. Ich, in das nächste Haus rein und die Treppen hoch. Irgendwo muss die Militärpolizei ihn eingeholt haben, wir haben ihn nie wieder gesehen. Aber ich kann auch verstehen, wenn man Filme sieht und der Verfolgte will sich retten, dass er grundsätzlich nach oben läuft. Auch ich hätte oben in der Falle gesessen.
Im Herbst 1945 sind wir dann nach Hamburg, Stübekamp 3, zu Tante Milly und Onkel Heinz Heyne gezogen. Sie hatten keine Kinder.
Es war der Horror, die Toilette war im Keller, aber die durften wir abends, wenn Besuch da war, nicht mehr benutzen. Also haben wir den Nachttopf benutzt und die Inhalte aus dem Fenster in den Kirschbaum geschüttet. Manchmal hing das Papier in den Zweigen.
Am Stübekamp bin ich dann auch eingeschult worden, musste aber später zum Ratsmühlendamm.

Ab 2.1.**1946** waren wir in Siek gemeldet.
Am 4.1.46 gab es Lebensmittelmarken.
23.4.46 Nachricht von meinem Vater aus französischer Kriegsgefangenschaft. Wir sind das ganze Jahr über zwischen Siek und Hamburg gependelt.
29.1.**1947** weigern sich Leute in Siek uns aufzunehmen. Zwangseinweisung. 1 Zimmer unterm Dach. Wir wohnen immer noch bei Tante Milly (Cousine von meinem Vater).
13.+14.2.47 kein Strom in Hamburg.
18.-23.2.47 ebenfalls kein Strom.
23.2.47. Nachts um 2 Razzia der Engländer, alle aus den Häusern raus.
23.3.47 große Überschwemmung der Alster in Hamburg.
30.3.47 alle zum Süllberg Kaffee trinken.
5.4.47 Vati aus der Kriegsgefangenschaft zurück.
Ab 17.4.47 hat Vati Arbeit in Ahrensburg.
Am 5.5.47 haben wir schon Beete gemacht, im Sieker Armenhaus baut Vati uns zwei Zimmer aus. Küche + Wohn- und Schlafzimmer. Meine Eltern haben ein Bett, Tine und ich auch ein Bett. Geschlafen wurde auf selbstgestopften Strohsäcken. Zudecken mit Schlafdecken vom Engländer. Alles eine kratzende und piekende Angelegenheit. Aber wir freuten uns, dass wir alle vier zusammen sind und auch wieder alleine wohnen konnten. Dazu der große Garten und eine tolle Kastanie, für die Vati uns eine Bank baute. Und abends saßen wir unter unserer Kastanie, in

der es von Maikäfern nur so wimmelte. Es gab Bauern, Kaiser und Könige, wer kennt die heute noch ? Schornsteinfeger gab es auch. Das waren die verschiedenen Namen der Maikäfer.
14.6.47 sind Vati und Kurtchen (Cousin von mir) in die russische Zone gefahren. Am 20.6. waren sie zurück. Am 28.7.47 meine Mutter, Tine und ich schwarz über die Grenze nach Kirch Rosin b. Güstrow, um meine Großeltern (Mutter) und Tante Wanda (Schwester von meiner Mutter) zu besuchen.
Am 30.7. morgens um 3 Uhr waren wir da. Es war abenteuerlich. Schleuser stellten Trupps zusammen. Wir durften nicht reden, mussten uns auch leise bewegen. Sowie der Mond rauskam, alles sofort stehen oder hocken bleiben. War wieder eine Wolke vor dem Mond, ging es weiter. Wären wir einer russischen Streife in die Arme gelaufen, hätte man uns eingesperrt. Oder Schlimmeres.
Am 18.8. dann das Gleiche zurück.
19.8.47 15 Uhr waren wir wieder in Siek.
Am 30.9. sind wir dann endgültig nach Siek gezogen.
Am 22.12.47 hatten meine Eltern Silberhochzeit. Ich kann mich nicht erinnern, ob gefeiert wurde.
1948 , das Jahr verging mit Sirupkochen, Kartoffeln stoppeln, Torf stechen im Sieker Moor und Erbsen pflücken. Währungsreform 20.6..
Am 9.10. kam Vati mit einem eisernen Kanonenofen auf dem Rücken aus Hamburg. Er arbeitete inzwischen bei der Fa. Ramke

Bauunternehmen. Von Schmalenbek bis Siek den Ofen auf dem Rücken. Nur einmal, auf dem Geländer der Autobahnbrücke, hat er ihn abgesetzt. Zu der Zeit hatte keiner ein Fahrrad oder einen Karren zum Transport. Selbst war der Mann oder die Frau nach dem Krieg.

1949, am 28.11. kam meine Mutter ins Krankenhaus nach Oldesloe. Am 2.12. operiert (Unterleib). Am 10.1.**1950** wurde sie entlassen.

Wenn es auch nur kurz ist, gibt es doch noch eine kleine Vervollständigung des Bildes der Familie aus Pommern:

Erinnerungen von Marianne Papesch, geb. Nitz, Tochter von Elisabeth Nitz, geb. Völz, 1910, Marianne ist eine Cousine väterlicherseits von Lisa-Käthe Völz

Wir sind im Winter 1945 mit dem Zug nach Norddeutschland geflohen: meine Oma Elisabeth Völz, geb. Heidekrüger („Muttchen“) und meine Mutter, ihre Schwester Gertrud und deren drei Kinder, Ruth, Eva und Ursula und ich.

Nach Armins Angaben war auch er und sein Bruder dabei.
Nach einer Woche Irrfahrt unter Bombardierung wurden wir alle in der Nähe von Cloppenburg bei Bauern einquartiert. Ich war damals drei Jahre alt, kann mich an die Flucht nicht mehr erinnern. Als Erstes nur an die Dachkammern auf dem Bauernhof.
Bald kam mein Vater (Karl Nitz) aus der russischen Gefangenschaft zurück und wir zogen schließlich nach Großenkneten, wo mein Vater als freiberuflicher Sattlermeister und Polsterer arbeiten konnte.
Das war die harte Nachkriegszeit.
Oft ist meine Mutter mit mir auf dem Fahrrad die ca. 18 km durch die Wälder gefahren zur Oma, Tante und Cousinen.
1952 gelang es uns, ein einfaches Haus zu bauen, wie vielen Flüchtlingen.
Armin und Willi waren inzwischen zu ihren Eltern zurückgekehrt.

Am 22.9.1952 starb Elisabeth Nitz (Anm. d. Übertr.)

Marianne erzählte, dass ihr Vater sehr jähzornig und brutal war und ihre Mutter sie sehr beschützt hat. Ihre Mutter Elisabeth war die Lieblingstante meiner Mutter Lisa-Käthe, nach der sie benannt war. Lisa-Käthe erzählte, dass Tante Elisabeth sehr

weich und herzlich gewesen sein soll.
Marianne heiratete einen sehr religiösen Mann, bekam 3 Kinder und pflegte ihren Vater bis zu dessen Tod 1982.

Damit enden die Aufzeichnungen der „Kriegsgeneration“, aus den zwei Regierungssystemen Hitler-Diktatur „Deutsches Reich“ und der „Diktatur des Proletariats“, der realsozialistischen DDR.
Wir haben einen kleinen Eindruck bekommen, welche Prägungen unsere Elterngeneration erlebt haben, wie komplex das Erbe aus autoritätsgläubigem Obrigkeitsdenken ist, das wer weiß wie lange schon eigenes Fühlen und Empathie ersetzt hat, Kriegstraumata und Regimeerwartungen.
Deswegen möchte ich hier noch die Tagebücher einfügen, die meine Eltern vor der Geburt meiner Schwester bereits angefangen haben und bis 1966 geführt haben. Sie illustrieren, wie sehr Intelligenz, Intellekt und gesunder Menschenverstand und Empathie divergieren können und wie sehr Menschen ihre Gefühle, aus welchen Gründen auch immer, hinter pseudoklinischer Fassade verstecken und damit die Authentizität auf der Strecke bleibt.
Kinder merken Falschheit, Traumatisierungen,

psychische, narzisstische Störungen, Präpsychosen und Verlogenheit und das Resultat sind tiefe Verwirrung, innere Verlorenheit, Verunsicherung, soziale Unfähigkeit und Misstrauen, die Tragik für die Kinder.

Hier also als Erstes das Tagebuch für Heike Scheumann, geb. 12.2.1956.

Babytagebuch Heike, geb. 12.2.1956, 13.50 Uhr, Zeitz, 55 cm, 39cm Kopfumfang, 3450 g

Aufgeschrieben vom Vater Heinz Scheumann

Kurze Charakteristik der Zeit vor der Geburt

Im 3.Monat traten Blutungen auf, sodass die Ärztin eine Fehlgeburt befürchtete. Diese Gefahr ging vorüber, und Käthe litt anschließend an dauerndem Unwohlsein, sodass sie eine Woche lang fast nichts aß.

Im 5. Monat hörte Käthe zum ersten Mal die Herztöne des Kindes.

Im 8. Monat setzte Käthes Herz in der Nacht immer einen Schlag aus, sodass wir es beide mit der Angst zu tun bekamen. Das erwies sich aber als nichts

Gefährliches, wie man mir in der Poliklinik sagte, die ich deswegen 11 Uhr abends aufgesucht hatte. –

Am 11. Februar – wir hörten Karnevalssendungen – abends 10 Uhr merkte Käthe in unregelmäßigen Abständen Schmerzen, die wie Blähungen verliefen, da Käthe auch zu der Zeit welche hatte. Nach 12 Uhr abends traten die Schmerzen stärker und in kürzeren, regelmäßigen Abständen auf. Käthe stand um 3 Uhr auf, weil sie es im Bett nicht mehr aushalten konnte. Um 4 Uhr stand auch ich auf, und nun dämmerte es, da die Schmerzen regelmäßig innerhalb von 3-4 Minuten (Blutabgang) wiederkehrten. Bis ¼ 7 Uhr (6.15 Uhr) früh schleppten wir uns hin; dann aber rief ich den Krankentransport an, sodass wir noch vor 7 Uhr früh im Entbindungsheim ankamen.

Die Geburt

Trotz der besten Wehen – wie alle versicherten – quälte sich Käthe 2 Stunden in den Presswehen, ohne dass das Kind zur Welt gelangen konnte. Um das Leben des Kleinen zu erhalten (90->60 Herztöne) bekam Käthe eine Narkose, der Damm wurde aufgeschnitten, das Kind mit der Zange auf die Welt geholt und der Schnitt genäht. Der Geburtstermin lag bei 13.50 Uhr mittags. ½ 4 Uhr nachmittags durften wir Käthe schon besuchen. Unsere Heike war da ! Die kleine Mutti war zwar noch schwach, freute sich aber genauso wie ich, dass unser kleines Mädchen gesund und kräftig war.
Geburtsgewicht: 3450g
„ länge : 56cm
Kopfumfang: 39cm

Das war also des Rätsels Lösung. Der Kopf der Kleinen war viel zu groß für unsere kleine Mutti, aber, gottseidank, ging alles gut. (Anm. Käthe: Bestätigte mir auch die Neustädter Hebamme bei einer Beckenuntersuchung, zu schmales unteres Becken für den Kopf.)

Die 1. Woche

Blonde Haare, tiefblaue Augen und eine etwas breite, klebrige Nase, das sind die Merkmale unserer Kleinen. (Anm. Käthe: Der ganze Vati, mein Stolz)
Es zeigte sich ein blutiger Streifen im rechten Auge neben der Pupille, ebenso Druckstellen über dem rechten Auge, was von der Zange herrührt und sich nach 4 Tagen fast verloren hatte.
Ein trinkfester Bursche ist unsere Kleine. Von 10g steigerte sich die Trinkmenge am 4. Tag auf 90g (70g nachmittags). Dabei muss unsere kleine Mutti noch viel Milch abpumpen; ein Glück, dass sie so viel hat.
Unserer kleinen Frau geht es ganz gut; nur dass man den Nierendefekt herausgefunden hat und sie nun 4 Tage Diät leben muss und Penicillinspritzen bekommt. (Anm. Käthe: nicht wegen Niere, sondern zur Heilung)
Aber nach 4 Tagen eben die freudige Mitteilung, dass sie nun wieder alles essen und trinken kann.
Die einzige Kalamität ist das „Lullern". 4 Tage sind nun schon vergangen, ein Dauer-Katheter von 24 Std. hat sie auch schon gehabt, anregende Tabletten, Hände in kaltes Wasser und alles nützt nichts. Arme kleine Frau ! Aber ich denke, dass sich dies mit fortschreitender Heilung der Wunde bald geben wird.
Nun die erste Lebensbeschreibung der Heike Scheumann:

Augen und Hände machen unkontrollierte Bewegungen; man merkt, dass sie keine Beziehungen zur Umwelt hat. Zwar verzieht sich oft das Gesicht – man ist versucht zu sagen zu einem Lachen -, jedoch ist das auch eine ungelenkte Bewegung. Nicht einmal der Ausdruck eines Lustgefühls (oder vielleicht doch ?) ist es; denn das kann sich in triebhaften Dingen (Groß oder Klein machen) äußern, aber kaum im Minenspiel, das ja noch kein echtes in unserem Sinne ist.
Wir haben schon herausgefunden, dass unser kleiner Mops Fischhaut hat. Stellen, wo sie sich gekratzt hat, werden schuppig und die Haut schält sich. Auch die Hände, die bei einem Tag später Geborenen schon glatt sind, sind bei unserer Heike noch rau. Aber wir sind nicht traurig; denn unsere kleine Mutti wird sie schon glatt machen.
Das Schönste ist, dass unsere Kleine nicht nervös ist. Das ist festgestellt, sie arbeitet (nuckelt) ruhig und gediegen, was nicht fertig wird (ausgesaugt wird), bleibt liegen (wird abgepumpt).
Soweit die Beschreibung bis zum 5. Tag.

(Weiter Lisa-Käthe)

Ja, und damit war es aus. Unser Vati hatte keine Lust mehr oder er war zu faul – oder er hat sich vor Mutti geschämt, denn als Mutti noch selig lächelnd und mit Sehnsuchtstränen zur Besuchszeit im Bett lag, hat sie Vati ausgelacht, weil er das theoretisch Erworbene so strikt auf sein Töchterchen anwandte. Nun habe ich alle Mühe, das Versäumte nachzuholen, so gut es geht. Am besten ist wohl, ich beginne bei der Jetztzeit, denn inzwischen in der Krankenhauszeit konnte man ja schlecht ihre Entwicklung verfolgen.

Bis vor 1 Woche, es war der 28.3., lag ich noch im Krankenhaus. Eine Brustdrüsenentzündung , die mich furchtbar gequält hat, ging in Eiter über und sollte geschnitten werden, als es in der Nacht von selbst aufging. Ich hatte neben der Warze, rechte Brust, einen Knoten wie eine Erbse groß, sodass mir beim Stillen schon immer vor Schmerz die Tränen liefen, aber ich sollte am Montag, den 5.3., entlassen werden und so wollte ich unter allen Umständen durchhalten, ganz gleich, wie groß die Schmerzen waren. Am Sonntag früh war es aber aus, die ganze Brust hart und rot und heiß und aus der Warze kein Tropfen Milch. Heike musste künstlich, d.h., mit fremder Muttermilch ernährt werden. Die Schwestern meinten, abstillen, aber der Arzt war dagegen und ich persönlich auch. Unsere Heike sollte doch so viel wie möglich Muttermilch haben. Heiße Alkoholumschläge und Heizkissen zum Wärmen. Das Ganze eine Nacht lang und zu jeder Mahlzeit abgepumpt. Ich habe gejammert, aber die Wehen waren schlimmer, das war immer mein Trost. Diese Quälerei noch Montag und Dienstag sollte ich dann geschnitten werden. Montag/Dienstag Nacht ging der Mist auf und ich war selig. Es stank wie die Pest und die ganze Windel ein Eiter. Zu allem Unglück mussten Heike und ich nach oben zur Verhinderung von irgendwelchen sept. Infektionen. Das war zunächst für die Mutti ein ganz schöner Schlag, der einige Tränen kostete. Aber bald gewöhnte ich mich ein. Am Donnerstag d. 8.3. schnitt Dr. Rönsch dann doch noch und legte einen Drain. 2 Schnitte, die ganz verflixt brannten. Ich musste immer an unseren Vati denken, wenn er hätte bei mir sein können und mir wenigstens die Hand halten. Ich kam mir vor wie von aller Welt verlassen. Mit diesen Gedanken ging ich in die Narkose

und als ich erwachte, habe ich 1 Std. lang bitterlich geweint. Die Wunden brannten auch ganz schön. 3mal am Tage kam Heike zum Stillen an der linken Brust, die auch im Höchstfalle 100g lieferte, sodass zugefüttert werden musste. Die rechte Seite verheilte sehr gut, am 5. Tag wurde der Drain gezogen. Unser Heikchen, das im Ärztezimmer stand, besuchte ich jetzt öfter mal, bis Schwester Margarete es den Säuglingsschwestern verbot, mich herein zu lassen. Nun ging ich inzwischen immer mal und sah nach. Wegen meiner Wasserlasserei konnte ich ja gottseidank aufstehen. Ja - und dann als Hoffnung bestand, dass ich bald heim könnte, bildete sich der Knoten von der allerersten Entzündung neu aus und die Behandlung ging nun an der Stelle mit Rotlicht los. Außerdem wurde endgültig abgestillt. Heike blieb aber trotzdem oben. Bis zum 28.3. lag ich nun in der Hauptsache noch wegen des neuen alten Knotens. Auch zum Osterfest am 1./2.4. bestand keinerlei Aussicht auf Entlassung. Ich konnte es aber nicht mehr aushalten. Am Tage 1x bekam ich Heike, die bereits die ersten Töne bapelte. Sollte mir das Kind ganz entwöhnt werden ? Außerdem musste sie raus an die Luft, sie war ganz blass. Wenn schönes Wetter war, brachten sie ja die Schwestern in den Garten, aber sie musste doch immer wieder zurück in die Krankenhausluft. Und unser Vati --- !? Nein, ich musste raus. Schw. Margarete wurde belagert, die ihrerseits Dr. Rönsch belagerte und so öffneten sich am 28.3. die Tore zur Freiheit. 12 Rotlichtbestrahlungen verschrieben, von Zeit zu Zeit vorstellen im Krankenhaus, so lautete Dr. Rönschs Weiterbehandlung. Die Beckenorgane laut Untersuchung alle in Ordnung und zurück.
Inzwischen (durch Rotlicht und Heizkissen) ist der Knoten auch eitrig aufgegangen und wir versuchen, die

letzte Härtung mit Wärme zu verteilen. ---
Unser Herzchen hat bei der Entlassung 3920g gewogen. Ernährt wird sie mit Säurehalbmilch. Nachdem wir mit Bananen versuchsweise gefüttert hatten und dabei eine große Pleite erlebt haben (Durchfall grün) geht es unserem Häschen wie man sagen kann --- gut !

Zeitz, den 11.4.1956

Inzwischen kann unser Sprössling nun auch hören, sehen, d.h. wahrnehmen und bapeln. Alles hat sie bereits in der Klinik gelernt. Auch ihr Köpfchen hebt sie ganz hoch, allerdings nur in Bauchlage und auf dem Arm in senkrechter Stellung. Ob sie allerdings erkennt, das kann man noch nicht feststellen, ich glaube es nicht. Sie lacht, wenn man mit ihr spricht, ganz gleich wer. Alle oben erwähnten Fähigkeiten hat sie ungefähr zwischen 3 und 7 Wochen erlernt.

Über eins freuen wir uns immer wieder. Unsere Heike ist sehr brav, sie weint ganz selten, meist liegt sie entweder und schläft oder sie bestaunt ihre Umwelt. Und weint sie mal, dann auch nur ganz kurz, um sich gleich mit ihrem Däumchen (Erbfehler von Vati und Mutti) zu beruhigen. Nur das Spucken kann sie nicht lassen. Aber sie nimmt dabei zu, heute bei der Mütterberatung 4450g, und das ist die Hauptsache. Auch sonst scheint unser Spatz gesund zu sein. Habe heute Dekristal bekommen, das sie zur Hälfte heute Abend bekommt und zur Hälfte morgen früh. Haferschleim soll ich nicht geben, soll bei Säuremilch bleiben, weil der Stuhlgang normal ist. Möchte aber doch mal versuchen. Auch noch 14 Tage Halbmilch soll ich weiterfüttern. Der Möhrensaft, den sie seit einer Woche bekommt, tat aber gut, sie nimmt ihn nur nicht gerne, sicher liegt das am Löffelessen. Ich möchte sie damit aber gleich ans Breiessen gewöhnen.

Feststellen musste ich, dass Heike sehr wund gewesen sein muss, denn die Pofalten waren alle aufgerissen. Habe sie aber wieder schön glatt. Nur an der Innenseite der Schenkel hat sie ? Stellen (wie Vatis Fischhaut), wahrscheinlich von der Windel. Die creme ich immer gut, damit die Haut wieder geschmeidig wird. Heike ist hautmäßig überhaupt sehr empfindlich. Wie wir aber ursprünglich irrtümlicherweise annahmen, scheint sie keine Fischhaut zu haben.
Sonst ist eigentlich alles in Ordnung und wir hoffen, dass unser Heikchen uns gesund erhalten bleibt. Stuhlgang ist normal, 2mal täglich und schön cremig und gelb. Das Baden ist unserem Häschen ein Genuss, beim Waschen planscht sie, dass es nur so spritzt und überspüle ich sie mit warmem Wasser, dann liegt sie ganz still und lauscht. Sie ist überhaupt ein liebes, geduldiges Wesen, und Vati und ich sind bemüht, sie durch Gleichmäßigkeit so zu erhalten.
Ich glaube, das wäre alles Bemerkenswerte, so gut es geht. Hoffentlich hat Vati nicht wieder zu meckern
___ !? 1. Dekristalstoß

12.4.1956

Unsere Heike schläft (20.15 Uhr). Bin jetzt mit den Fütterungszeiten schon auf ½ 6 .. usw. gelandet. Heute war Heike von der ½ 10-Mahlzeit bis ½ 17 an der frischen Luft. Heute Morgen 2. Mal Dekristal. Heike hat auf der rechten Gesichtshälfte kleine Pickelchen, wahrscheinlich vom Schweiß. Sie schwitzte in letzter Zeit sehr. Darum habe ich heute um ½ 17 die Wärmflasche weggelassen, mal sehen, sollten die Beinchen kalt sein, muss sie wieder eine bekommen. Zur Nacht lasse ich sie sowieso nicht ohne

Wärmflasche. Mit Frau Laugisch hat Heike heute gelacht. Mit dem kleinen Zappelphilipp habe ich jetzt immer Mühe, ihn einzupacken. Sie strampelt sehr lebhaft.
Sonst nichts Besonderes. An beiden Oberschenkeln hatte Heike Hornstellen, die durch das häufige Cremen schon besser geworden sind.

16.4.1956

3 Tage habe ich nun nicht geschrieben, denn Vati war da und hat das positiv zu Bezeichnende miterlebt. Seit gestern bekommt Heike 25g Haferschleim 2/3 und 175g Maizena ½ , natürlich gesäuert. Sie scheint das Gemisch ganz gut zu vertragen. Der Stuhl ist etwas dünner, aber weiter gelb. Windel war heute 2mal mit Stuhlgang. Nur, sie trinkt nicht mehr so viel, ließ bei den beiden letzten Mahlzeiten etwas in der Flasche zurück, 10-20g. Ob das an der 2/3-Milch liegt, die besser sättigt ?
Am Po hatte Heike Pickelchen, wie im Gesicht, daraufhin habe ich sofort mit Kamillencreme aufgehört und wieder die aus der Klinik genommen. Der Po ist wieder in Ordnung. Nur die Hornstellen bilden sich weiter, das Bäuchlein und die Rückseite des rechten Oberschenkels sind hornig geworden.
Der rechte Arm scheint nicht ganz in Ordnung zu sein, er liegt meistens passiv. Ob das nun vielleicht auch ein Erbfehler von Scheumanns (Mutter, Papa und Vati) und Völzens (Papa und Onkel Armin) ist oder ob das ein organischer Fehler ist, das möchte ich bei der nächsten Mütterberatung fragen. Lahm ist der Arm nicht, nur oft untätig und etwas ungelenk. Am Sonnabend und Sonntag hat unser Häschen im Liegen auf dem Rücken den Kopf angehoben und sich beim Wickeln fast bis auf

den Bauch gedreht. Sie strengt sich dabei immer sehr an und scheint auch ganz schön kräftig zu sein. Ich glaube, es dauert nicht mehr lange, dann dreht sie sich alleine herum. Heike bekommt auch keine Wärmflasche mehr. Außerdem mussten wir jetzt feststellen, dass Heike uns und Bewegungen verfolgt, von einem Erkennen, z.B. Mutti oder Flasche, ist aber noch nicht die Rede. Die Fütterungszeiten liegen endgültig bei 6.00 … , so bleiben sie nun auch.

22.4.1956

10 Wochen ist unser Spatz heute alt. Ereignet hat sich eigentlich nichts Besonderes. Heike bekommt jetzt 45g Haferschleim 2/3 Milch und 155g Maizena,. Der Wechsel macht sich wegen seiner Langsamkeit kaum bemerkbar. Höchstens, dass mal eine Windel öfter Stuhlgang hat. In ihrer geistigen Entwicklung spürt man, dass sie immer mehr aufmerkt. Sie weiß z.B. genau, wenn sie in anderer Umgebung ist – Besuch bei den Großeltern. Sie verfolgt auch aufmerksam ihre Umgebung und die Personen ihrer Umgebung in ihren Bewegungen. Aber ein Erkennen spürt man immer noch nicht. Auf die Seite dreht sie sich schon ganz alleine, aber bis zum Bauch langt's noch nicht ganz. Das Köpfchen hält auch ohne Stütze, jedoch nicht lange Zeit. Sehr kräftig scheint sie in den Beinen zu sein. Wenn sie beim Wickeln sich von meinem Bauch abstößt, dann rutscht sie um Kopfeslänge nach oben. Auch in Bauchlage merkt man das am Strampeln und dabei Hochrichten auf den Knien. Die Horn- und Häutungsdellen, die nicht verschwinden, lassen doch auf Fischhaut schließen.
Sonst besteht Mäuschens Tageslauf aus Trinken,

Wickeln, Lachen, Schlafen und Artigsein. Nur ein Dickschädel ist sie. Wenn sie ihren Möhrensaft nicht nehmen will, dann nimmt sie ihn nicht, und wenn Mutti ihn ins Gesicht bekommt. Auch beim Säubern, wenn ich ihr den Kopf drehen will, stemmt sie sich energisch gegen meine Hände.
27.4.1956

Heike hat in dieser Woche (Dienstag erstmalig) gezeigt, dass sie das dumme ¼-Jahr fast überwunden hat. Sie hat, wie man das aus den Gesichtszügen erkennen kann, bewusst gelächelt. Sie verfolgt aufmerksam meine Hantierungen und unterhält man sich mit ihr, beobachtet sie ganz genau und „erzählt" selbst mit. Ihre Flasche erkennt sie noch nicht genau. Im großen und ganzen : das Gesicht und die ganze Mimik machen jetzt den Eindruck des Bewusstaufnehmens.
Heike wird seit 1 Woche nicht gebadet, sie ist erkältet. Hat Umschläge bekommen von Pulmalin und Nasentropfen. Salbe bekommt sie noch, erste fallen weg. Sie röchelt noch in der Nase. Die Erkältung ist fieberfrei verlaufen, war auch nicht stark. Infolgedessen war ich nicht mit ihr zur Mütterberatung, habe nur selbst ein Rezept über Aci… geholt.

10.5.1956

14 Tage sind inzwischen vorüber und vieles hat sich bei unserer Heike ereignet. Seit ungefähr ½ Woche erzählt sie ganz deutlich und auch für sich ganz alleine. Das Lächeln zeigt jetzt, dass sie uns kennt und erkennt. Sie ist nun so groß, dass sie im Bettchen schläft seit gestern. Mit allem Erreichbaren spielt sie, an Decken, Spuckwindeln und selbst ihr Jäckchen und Mützchen

mit den Fingerchen.
Die Augen betrachten immer aufmerksamer die Umgebung. Jede Veränderung nimmt sie wahr. So schlief sie gestern Abend z.B. gar nicht ein, sie merkte sofort, dass sie nicht mehr im Körbchen und an der alten Stelle lag und stand. Auch heute noch beobachtet sie genau ihre neue Umgebung.
Seit 1 Woche bekommt Heike mittags Möhren-Kartoffelbrei mit Flasche nach. Seit in der vergangenen Woche 1 Paket aus Dortmund (von L.-K. Eltern) kam, hat Heike vor jeder Mahlzeit, ausgenommen mittags, Banane mit Milone bekommen (Bananen schaumig geschlagen und 15-20 Tropfen Milonen).
Auch Strampelhöschen trägt sie seit ungefähr 1 Woche, darunter Windelhöschen nach Frl. Tischewskis Muster. Nur nachts wird sie noch gewickelt.
Aus dem Westen bekam Heike 1 Strampelhöschen, 1 Jäckchen und 1 Ausfahrgarnitur mit Schuhchen, letzteres 3 hat sie noch nicht getragen.
Vor einer Woche war ich zur Mütterberatung. Sie wiegt jetzt 10 Pfd. Und macht laut Aussage der Ärztin einen stabilen, gesunden Eindruck. Hoffentlich bleibt es so. Habe mir Fissurinsalbe verschreiben lassen.

15.5.1956

Seit Sonntag habe ich Heike Spinat gefüttert, sie ist seit gestern sehr wund. Ich nehme an, dass das miteinander zusammenhängt. Werde mit Spinat aufhören. Zitrone bekommt sie ab sofort auch nicht, bis das Wundsein vorüber ist.

29.5.1956

Vor 14 Tagen das letzte Mal Tagebuch geführt. Heike ist nun schon ein ganzes Stück weiter in ihrer Entwicklung. Körperlich, musste ich feststellen, ist Heike nicht besonders weit entwickelt. Sie hebt z.B. noch nicht aus der Rückenlage ihr Köpfchen und zieht sich auch noch nicht an unseren Händen hoch, wie ich das bei einem 1 Woche jüngeren Jungen beobachten konnte. In Seitenlage hebt Heike den Kopf, in Bauchlage stützt sie die Arme und sieht interessiert die Umgebung an. In Rückenlage schiebt sie ihren Kopf zur Seite, der Anfang eines Kopfhebens. Mit den Händchen zieht sie jetzt ganz deutlich alles Erreichbare an sich und steckt es in den Mund. Außerdem sieht sie jetzt Gegenstände und Personen fest an und verfolgt sie mit den Blicken. Heike kennt genau ihre Spuckwindel und was das zu bedeuten hat, wenn ich damit komme. Dann zappelt sie.
Auch das Spielen mit der Klapper geht jetzt besser. Nur selbst danach greifen kann sie noch nicht. Geistig scheint Heike das mehr zu haben, was ihr körperlich fehlt. Sie verfolgt sehr aufmerksam und deutlich die Vorgänge um sie herum. Liegt sie alleine, erzählt sie mit sich, lacht und jauchzt auch, wenn die Lebensfreude mal ganz groß ist. Sie beobachtet auch ganz genau, wenn man mit ihr spricht und erzählt dann selbst mit, wobei das Gesicht einen ganz drollig angespannten Ausdruck bekommt.
Das Wunde bei Heike ist immer noch nicht besser. Die Ärztin der Mütterberatung (Heike wiegt 11 Pfd. 120 g) verschrieb mir Säuremilch wegen des Ätzens zu füttern und wegen der Ernährungsumstellung Reisschleim. Auch bekommt Heike keine Kartoffeln mehr, sondern Gries in Kalbsbrühe und Kohlrabi (das augenblicklich

einzig erreichbare Gemüse). Ich fütterte nun, weil Heike nach dem Reisschleim so viel spuckte, wie ich erwartete, wieder Säuremilch mit Haferflocken. Aber das Wundsein hat sich noch nicht gebessert. So begann ich heute wieder mit Reis. Es muss gehen, auch wenn sie viel spuckt, denn erst muss Heike wieder in Ordnung kommen. Rohes Obst bzw. Gemüse bekommt sie im Moment gar nicht, denn ich kann nur nicht ätzende Säfte füttern, die ich im Moment aber nicht habe (Banane, Möhre).
Ansonsten ist Heike viel draußen. Nachmittags im Garten, stets ½ Std. Sonne auf nackten Po. Heute war sie nur Hemdchen und Windelpackung bekleidet. Heike schwitzt sehr leicht, wie man mir sagte. Selbst kann man das schlecht beurteilen, wenn man nur 1 Kind gehabt hat.
1 Unart muss ich verzeichnen. Seit ca. 1 Woche brüllt Heike von 16 Uhr bis sie ins Bett kommt. Soviel ich bis jetzt merkte grundlos, denn es liegt ja nichts vor.
Heike hatte unterm rechten Arm 1 Furunkel, der jedoch alleine aufging und sich reinigte.

3.6.1956

Heike hat heute zum 1. Male aus der Rückenlage auf meinem Schoß ohne Hilfe den Kopf gehoben. Sie beobachtet jetzt auch Gegenstände genau, die sie in ihren Händchen hält. Sie erkennt ihre Umwelt genau, wie es aus ihrem sofortigen Lächeln bei meinem Auftauchen hervorgeht. Raue Knie deuten doch wieder auf Fischhaut. Schreckhaft ist sie, bei plötzlichem Lärm schreckt sie zusammen und weint.

7.6.1956

Heike hat sich vorgestern zum 1. Male selbstständig auf die Seite gedreht, vom Rücken.
Heute hat sie zum 1.Male die Klapper aus der rechten Hand ganz alleine in die linke genommen. Ich war aus dem Zimmer gegangen und hatte ihr die Klapper in die rechte gegeben. Als ich wieder das Zimmer betrat, hatte Heike die Klapper in der linken Hand. Sie wiegt nach Mütterberatung 12 Pfd.und ?

10.6.1956

Heike hat gestern einen Gummipinguin bekommen, der beim leichten Drücken schon Töne von sich gibt. Da hat sie aber gestaunt. Sie ist jetzt überhaupt ihrer Umgebung gegenüber sehr leicht aufnahmefähig. Der Kopf und die Augen bewegen sich ununterbrochen nach allen Seiten. Das Erzählen wird immer besser. Sie erkennt genau die Menschen ihrer Umgebung und die sie betreffenden Gegenstände. (Spuckwindel – freudiges Zappeln, Wattedrehen – Abkehr und Protest ebenso Kerzentropfflasche).
Sehr lebhaft bewegt sie sich, binde ich das Bett und Decke fest, so strampelt sie sich schief und über die Decke, sodass ich heute Morgen das ganze Federbett waschen musste. Im Augenblick ist Heike ziemlich erkältet. Habe wieder eine Pulmolinpackung gemacht.

12.6.1956

Heute hat Heike mit mir, alleine beim Anziehen, laut gelacht. Seit dem 10. ist Heike erkältet, jetzt sogar sehr stark, jeder Atemzug pfeift aus ihrer kleinen Lunge, sie

leidet stark. Fieber hat sie bis jetzt noch nicht gehabt. 2mal hat sie heute 1 Rücken- und Brustpackung bekommen, außerdem bei jedem Wickeln ein durchgewärmtes Bett. Von Großeltern Dortmund bekam Heike heute Köllnflocken (sie trinkt sie bereits), Penatencreme und Dermatol. Die Sorgen ums Wundsein bin ich also los. Wenn nun erst der Husten vorüber wäre, ich habe ernstliche Sorgen. Das kleine Mädchen ist ja so geduldig. War sie sonst schon immer ruhig, sagt sie jetzt gar nichts mehr. Kommt man an ihr Bettchen, lacht das ganze Gesichtchen, lässt man sie wieder alleine, beschäftigt sie sich ganz ruhig mit sich. Kein Weinen beim Husten, nichts.
Sie strampelt im Bettchen gar nicht mehr, liegt ganz ruhig und still. Aber deutlich sieht man, dass sie mich und folglich die Menschen ihrer Umgebung genau erkennt. Auch meine Hantierungen verfolgt sie ganz genau und deutlich erkennbar.

2.7.1956

- Hurra ! Heike ist wieder gesund ! Eben war Dr. Schneider da und stellte die Enddiagnose. Sie darf wieder gebadet und ausgefahren werden. Gott sei Dank ! Unser Heikchen hatte eine schwere Lungenentzündung, wie aus der Fiebertabelle ersichtlich ist. Aber so ein geduldiger Kranker, 2 Nächte hat sie geweint, da war es ganz schlimm, ganz am Anfang und nach 8 Tagen bei der Krise. Sonst nur Geduld, die sich in Ruhe und Lächeln äußerte. Gut war nur, dass sie während der ganzen Krankheit gut gegessen hat. Sie ist nun natürlich sehr schwach geworden. Selbst mit dem Kopfheben in

Rücken- und Seitenlage ist es aus. Langsam wird es nun wieder. Nur geistig ist unser Mädchen weiter gegangen. Sie spielt jetzt richtig mit ihrem Spielzeug und holt es auch, wenn es erreichbar ist. ? und alle anderen kann sie genau unterscheiden. Beim Sprechen beobachtet sie einen ganz genau und versucht selbst, die Stellungen des Mundes nachzuahmen.

■ Dabei kommen die drolligsten Grimassen und Töne zustande, sodass wir schon manchmal Tränen gelacht haben. Seit 2 Tagen nimmt sie ihre Flasche und steckt sie selbst mit beiden Händen in den Mund. Das sieht so drollig und niedlich aus. Ja, das wäre der Fortschritt der letzten Zeit. Es ist ja klar, dass unser Mädchen nicht weiterkommen konnte in ihrer körperlichen Entwicklung. Das Fieber hat sie zu sehr geschwächt.

6.7.1956

Heike beginnt sich hochzurichten. Die Anfänge waren heute Mittag zu sehen, sie zog sich an meinen Händen etwas in die Höhe. Das Baden hat sie ganz gut vertragen, nur an den ersten beiden Tagen sehr geweint, wahrscheinlich war es das Ungewohnte. Draußen war ich wegen des Windes noch nicht mit ihr. Nur das Fenster ist den ganzen Tag geöffnet.

12.7.1956

Das In-die-Höhe-Ziehen nicht weiter verbessert. Nur geistig wieder etwas weiter. Ab 4 Uhr früh beginnt

Mäuschen mit ihrem Jauchzkonzert. Das ununterbrochene Jauchzen begann am 7.7.. Auch auf alle möglichen anderen Arten probiert das Mäuschen ihre Stimmbänder, wobei die drolligsten Töne entstehen. Seit gestern Abend die 2. Breimahlzeit (Haferflocken mit Johannisbeer-Blaubeersaft) eingeführt. Tüchtiges Geschrei, wie bei Beginn der 1. Breimahlzeit.

15.7.1956

Heike hebt sich bis zum Sitzen. Greift selbst fest zu. Seit heute brauchen wir am Unterarm nicht unterstützen. Sitzt noch nicht. Ist wieder besser. Wetter wieder schlecht. Hoffentlich wird es nicht wieder ernst.

19.8.1956

Gestern hat Heike sich alleine ohne jede Hilfe im Bettchen beim Sonnenbad auf den Bauch gedreht. Heike sitzt jetzt, hält sich dabei jedoch mit einer Hand fest. Selbständig kann sie noch nicht sitzen. Sie ist sehr lebhaft. Schläft jetzt auf der Seite. Aus der Rückenlage hebt Heike ihr Köpfchen ca. 10-20cm von der Unterlage. Mahlzeiten bekommt sie nur noch 4. Sie trank nie mehr ihre 3 Flaschen aus, sodass ich jetzt auf 2 Flaschen, 6 Uhr, 9 Uhr, reduziert habe. 14 u. 18 Uhr Breimahlzeiten. Es geht jetzt sehr gut mit dem Löffelessen.
Sie langt jetzt auch mit beiden Händen nach Personen und Gegenständen, die sie haben möchte. Liegt im Bett bald rechts, bald links, bald gerade, bald quer, sodass ich sie nicht mehr alleine lassen kann, sonst ist alles durchnässt. Ihre ganze Art ist jetzt so mehr wissend, ausgeglichen, wenn sie erzählt, strampelt oder auch im

Wasser sitzt. Sie bewegt sich sicherer. Wie ich jetzt nach Hören feststellen musste, entwickelt sie sich durchaus nicht weniger als andere Kinder, nur ruhiger und durch unser konsequentes Nicht-sitzenlassen für mich scheinbar weniger. Aber Altersgenossen sitzen auch noch nicht frei und das ist ja das Maßgebende.
Jeden Tag bekommt Heike ein Sonnenbad, solange die Sonne in ihr Bettchen scheint. Dann fühlt sie sich am wohlsten, wie man das am Strampeln und Krähen feststellen kann. Zitrone und andere scharfe Säfte und Obst kann ich gar nicht mehr füttern, Heike wird immer empfindlicher, ist dauernd wund. Auch will die Fischhaut im Moment auch mehr zulegen, die Ärmchen waren heute ganz schuppig. Seit gestern waren die Augenlider ganz rot und mit Bläschen behaftet, fast wie Ausschlag. Was das nun wieder ist ?

Neustadt/Dosse, 20.9.1956

Seit Sonntag, den 16.9. haben wir unsere neue Heimat bezogen. Heike konnte sich anfangs gar nicht einleben. Sie weinte oft und war auch so ganz und gar durcheinander. Am Sonntag bekam sie infolge Zugverpassens nur 3 Mahlzeiten und das auch nur Flasche. Freue mich, dass sie trotzdem alles so gut überstanden hat. Seit gestern haben wir nun wieder unser gutes braves Mäuschen. Seit ungefähr 3-4 Wochen erzählt Heike nun in lallenden Silben (mamama …, papapa …, wawawa usw.). Täglich merkt man neue Kombinationen. Auch ihr Hochziehen und Sitzen klappt schon besser. Man merkt, dass ihr das Sitzen keine Schwierigkeiten mehr macht, nur die Balance hat sie noch nicht raus, aber das wird wohl auch noch etwas dauern, weil sie ja nach wie vor meist liegt. Am 15. ist uns Heike noch vom Wickelbett gefallen, es gab ein großes Gebrüll und noch heute muss sie an einer bestimmten Stelle Schmerzen haben, denn bei irgendwelchen Griffen meinerseits weint sie plötzlich und ganz jämmerlich. Nächste Woche möchte ich mal mit ihr zum Arzt gehen. Ernährunsmäßig bekommt Heike ab heute Eigelb und Kalbfleisch.

1.11.1956

Heike sitzt seit dem 12.10.56 völlig alleine. Auch die Zähnchen sind seit gestern (unteren 2) durch, natürlich nur ganz oberflächlich. Eine ganz wilde Hummel haben wir, Vati muss jeden Tag mindestens 1 Stunde mit ihr toben, das kann nicht wild und hoch genug zugehen, dann wird umso lauter gejauchzt. Fleisch und Eigelb bekommen ihr gut. Gestern waren wir bei -2° 1 Stunde draußen, bekam uns auch gut. Gesund ist unser Spatz gottseidank noch. Heike wiegt 17 Pfd., 71cm groß. Ausgezeichneter Ernährungszustand, gut durchblutete Haut (Obst-Gemüse). Im Sprechen noch keine direkten Worte.

30.11.1056

Heike seit einigen Tagen sehr unruhig. Anfangs schoben wir das auf den erwachenden Eigenwillen und Ungezogenheit. Es hat sich aber herausgestellt, dass ihr die weiteren Zähnchen sehr zu schaffen machen. Der obere rechte zweite Schneidezahn ist durchgebrochen heute Nacht. Die anderen oberen und restlichen unteren zeigen auch schon Durchbruchswülste. Sie isst auch sehr, sehr schlecht. Das ganze Wohlbefinden ist gestört.

7.12.1956

Mäuschen war sehr erkältet. Pulmolinpackungen halfen aber wieder sehr gut. Sie steht nun seit 3-4 Tagen am Gitter vollkommen aufrecht. Seit ca. Mitte November sitzt sie vollkommen frei und sicher und zog sich immer auf die Knie hoch. Auch das Kriechen hat sie gelernt. Nur, wenn sie steht, kommt sie nicht wieder oder nur schlecht, herunter. Dann wird gebrüllt. Aber sie muss auch das lernen. Sonst geht es uns gut. Zähnchen noch keine weiteren. Nur, wir sind eine alte Lullkarline. (Meint wohl, pinkelt viel.)

10.1.1957

Mäuschen wird nun morgen 11 Monate. Aber ein Vergleich mit den Aufzeichnungen vom 7.12. ergibt, dass Mäuschen doch schon wieder ganz schön weit ist. Rauf und runter in ihrem Bettchen, hin und her, das muss nur so sein. Überhaupt verbringt sie den größten Teil des Tages stehend und laufend mit Halten. Am liebsten hat sie es jedoch, wenn man sie aus dem Bettchen nimmt und mit ihr im Zimmer hin und her läuft, das macht offensichtlichen Spaß denn beim Abbrechen folgt jämmerliches Geheule. Die Beinchen setzt sie ganz alleine und verharrt man mal einen Augenblick, dann sind die Beine schon 3m vorweg. Der 2. obere linke Schneidezahn ist seit 3-4 Tagen durchgebrochen. Seit der Zeit bekommt Mäuschen auch abends Brot. 1 Schnitte isst sie, als Flüssigkeit etwas warme Milch, (Malz)Kaffee oder Kakao. Lullkarline ist sie immer noch.
Im Sprechen tauchen immer neue Lallkombinationen auf, aber noch keine bestimmten, zielgerichteten Laute.

27.1.1957

Gestern hat Mäuschen ihre 1. selbständigen Stehversuche gemacht. Auch ist der 5. Zahn oben Mitte durch. Sie wiegt 19 Pfd. Nach letzter Mütterberatung. Ernährungs- und Gesundheitszustand sind sehr gut. Sonst nichts Neues Besonderes. Dekristal hat sie wieder bekommen. Nach Aussprache mit der Hebamme hat Mäuschen nur eine kleine Blase und außerdem einen schwachen Harnröhrenschließmuskel, daher die häufigen Abhaltezeiten.

10.2.1957

Mäuschen reagiert seit 14 Tagen auf Vormachen, d.h., sie verfolgt aufmerksam unsere Worte und Gebärden und versucht bewusst, sie nachzuahmen. So macht sie z.B. „Ei“ und streichelt uns dabei. Auch mit der Zunge schnalzen, mit der Hand winken usw. ahmt sie bewusst nach. Man sieht direkt, wie sie nachdenkt, angestrengt nachdenkt, wenn wir ihr etwas vormachen. Das 6. Zähnchen bricht auch durch.

13.2.1957

Mäuschen steht frei und beginnt ihre 1. Gehversuche, tollkühn wirft sie sich einem entgegen und setzt dabei ihre Beinchen. Sie besieht sich auch bereits die Bilder ihres Bilderbuches und achtet auf Erklärungen.

21.2.1957

Mäuschen hat gelernt „Ei“ zu machen, „Bitte, bitte“ und „Winke, winke“. Sie weiß auch, wo der Wauwau und der Teddy sind und sucht und bringt beides.

25.2.1957

„Ei“ macht sie ohne Aufforderung. Dabei streckt sie beide Ärmchen nach einem aus und sagt „ei, ei, …“ Da sie außerdem begann, die 1. drei Schritte vollkommen selbständig zu machen, hat Vati heute 1 Paar Kunststoffschuhchen Gr. 19 mitgebracht. Nun muss sie erst wieder neu stehen lernen, das Steife an den Füßen macht das Gehen ungelenk und schwer. Dafür wird es aber, einmal gewöhnt, mehr Halt geben. Das Bilderbuch ist das liebste Beschäftigungsmittel, sehr interessiert und aufmerksam besieht sie sich die Bilder. Sie breitet es auch selbständig aus. Eine geringe Erkältung macht uns z. Zt. das Ausfahren unmöglich.

9.3.1957

Mäuschen hat heute ihre 1. Schritte selbständig gemacht, „längere“ Strecken ohne Hilfe.

8.4.1957, **Kampehl**

Inzwischen ist ein Monat vergangen. Mäuschen ist nicht mehr alleine. Sie hat ein kleines Schwesterchen bekommen, das sie mit Freude begrüßt hat. „Antje“ ist ein Wort, das sie in ihren kleinen Sprachschatz schon aufgenommen hat. Seit ich wieder aus der Klinik zurück bin, spricht Mäuschen die ersten lallenden Worte. „Ati“, „Pip-Pip“,“Aabe“, das sind ihre Standardworte. Mit dem Laufen sind wir noch nicht weitergekommen, ebenso nicht mit Lull und A-a. In der Zeit meiner

Abwesenheit hatte Mäuschen einen starken Durchfall, der höchstwahrscheinlich seelische Ursachen hatte. Der Umzug war ihr nämlich gar nicht bekommen. Wochenlang hat sie in allen Zimmern, wenn sie alleine war, wie am Spieß geschrien. Jetzt ist sie aber wieder die alte. Im Augenblick befindet sie sich in einem sehr aufnahmefähigen Stadium. Sie ahmt alles nach und hat den größten Teil der ihr vorgemachten Dinge sofort begriffen. Aufgeweckt ist unser Mäuschen ganz schön.

14.4.1957

Mäuschen läuft seit vorgestern vollkommen frei. 8 Zähnchen sind durch. Unten links der 3. Schneidezahn und oben links ? der Backenzahn ? „Utti“ ist eine neue Vokabel – „Hotte“. Gestern hat Mäuschen das Staubtuch erwischt und „Staub gewischt“. Niedlich sah das aus. Genau den Sitz, die Beine und Lehne. Das muss sie mir doch abgeguckt haben.

22.5.1957

Mäuschen hat eine neue Vokabel erfunden – Kropki = Aschenbecher. Außerdem sieht sie uns immer abends durch den Spiegel ins Bett gehen. Ganz wild ist sie nach den Kindern im Kindergarten. Unter Aufsicht hat sie auch oft schon dort gespielt. Mäuschen hat tüchtig mit ihren Zähnchen zu tun, die Backenzähne brechen alle durch. Unverständlich ist nur die Angelegenheit mit ihrer Lullerei. Sie kann alle 5 Minuten ein paar Tröpfchen. Setze ich sie aufs Töpfchen, lullt sie, läuft sie wieder herum, ist die Windel auch nass. Ich weiß mir wirklich keinen Rat mit ihr. Kann aber doch auch nicht mit ihr zum Arzt. Ohne Kinderwagen.

23.5.1957

Mäuschen wird ab heute stundenweise aufs Töpfchen gesetzt, was natürlich viel Windeln kostet. Heute zum 1. Male gegen Pocken geimpft. Habe aus Versehen die Stelle mitgewaschen, hoffentlich passiert nichts. Sonst bis jetzt alles in Ordnung.

6.7.1957

Mit Mäuschen beim Arzt gewesen – Firmkulose (?). Hat einen Penicillinschock bekommen (29 Spritzen, 20 Tabletten), außerdem heiße Seifenbäder, Drüse stark geschwollen. Bis heute noch nicht weg. Den ganzen Tag läuft sie nackt in der Sonne herum. Deutlich sprechen noch nicht. Einzelne Worte immer noch, nur mehr. Sie versteht aber vieles schon. Klettert immer alleine auf Truhe und Couch, „Aati" ist ihr liebstes Wort. Sehr eigenwillig, kann quietschen, ganz böse gucken und strampeln. Aber das wird alles abgestellt. Am liebsten ist sie bei den Kindergartenkindern. Und ich **glaube**, sie beginnt „A-a" zu begreifen.

1.9.1957

Mäuschen lernt sprechen seit ca. 3 Wochen. Alles, was man mit ihr spricht, bemüht sie sich nachzusprechen. Sie versteht auch, was man von ihr will, wenn sie etwas tun soll. Nur A-a ist immer noch ein Leid. Man merkt, dass sie in der Tat keine Zeit dafür hat. Leider musste ich ihr das mit einigen Hinternvoll (=Schläge) beibringen, aber es geht nicht anders. Durch Gutzureden meint sie, man macht Spaß. Im selben Moment, wo man ihr etwas in Güte ernstlich klar machen will, lenkt sie

ab, sie spricht von anderen Dingen und plappert eilig dazwischen.
„Mutti“ ist ein sehr lieb ausgesprochenes Wort, ebenso „Mizie“ und „Püppi“. Ihre Püppi hat sie überhaupt sehr lieb, die wird gedrückt, geküsst und mit Watte gewaschen. Sie macht überhaupt alles sehr aufmerksam beobachtend nach. Es ist manchmal zum Piepen. Aber ein Schelm und Schäker von Kopf bis Fuß. Nach außen immer ängstlicher, je älter sie wird, am meisten vor Autos und allem, was brummt – Gott sei Dank ! – Aber sonst sehr lieb und gut, manchmal möchte sie aufmucken, aber auch ohne Klaps wird sie wieder brav. Gern lebt sie auch mit Vati, alles zu seiner Zeit. Vor (siehe SVK-Ausweis) ist Mäuschen an einem kinderfaustgroßen Furunkel geschnitten worden, das war für Mutti und Tochter sehr schlimm. Aber nach diesem Schnitt trat bis jetzt eine Ruhepause ein, aber heute musste ich wieder einen kleineren verbinden.

1.11.1957

Mäuschen gestern 38.2 Fieber und gebrochen. Heute besser. Augenzähne durchgebrochen, ob davon ?

2.11.1957

Mäuschen hat 14 Tage, davon 1 Woche sehr schwer, die Masern gehabt. Eine Woche <u>nichts</u> gegessen. Sehr abgemagert. Heute noch sehr verschleimt, der Atem pfeift wie bei einem Asthmatiker. Arzt hat Stärkungsmittel und Antihustenmittel verschrieben. Steht seit Sonnabend, also vorgestern, auf. Sonnabend 2 Std., Sonntag u. heute nachmittags.

17.11.1957

Mäuschen ist sauber – gottseidank. Mit ganz geringen Ausnahmen sagt sie jetzt lull-lull. Auch nachts ist sie z.T. sauber, sie fängt jedenfalls an. Mäuschen war vorgestern auch zum ersten Male ½ Std. bei -5° draußen, auch gestern bei fast -10° mit Vati.

19.1.**1958**

Nach den Masern bei Mäuschen erhebliche Gewichtszunahme festzustellen. Hat sehr stark gegessen. Jetzt lässt es jedoch schon wieder nach. Mäuschen spricht jetzt 2-3 Worte im Zusammenhang nach. Mit ihrem Körper beschäftigt sie sich jetzt eingehend. Muss alles sehen und untersuchen. Weihnachten waren Scheumanns hier. Mäuschen hat ihren Eigenwillen stark gezeigt. Spürte den Rückhalt. „Himmel-Mond", lernte sie in der Zeit. Ganz deutlich. Alles wird nachgeahmt und –gesprochen, auch wenn sie nicht weiß, was es bedeuten soll. Weihnachtsmann brachte vom Uropa einen Puppenwagen, von Tante Marga und Omi Scheumann je eine Püppi, von Vater und Mutter einen Teddy, Opa und Omi Völz schickten 2 Kleidchen, 2 Trainingsanzüge, 2 Paar Schuhe, 2 Mützchen. Puppenmutti kann und will sie aber noch nicht sein. Nur Teddy wird zärtlich geliebt. Muss mit ins Bett, muss happa machen usw..

27.1.1958

Mäuschen gestern mit uns spazierengegangen. Ca. 3 km selbständig gelaufen. Der Racker spricht jetzt schon 3-4 Worte im Zusammenhang. Sehr aufmerksam ist sie, hilft bei allem möglichen, nimmt heruntergefallene Dinge auf und ahmt auch nach : Bettenmachen, Püppi schlafen legen usw.

4.3.1958

Mäuschen spricht schon Sätze und auch schwierige Worte. Im Spiel spürt man schon selbständiges Denken und Handeln. „Ihr Spiel bekommt Inhalt", wie Vati sagt. Wird ihr etwas langweilig, dann wird sie bockig. Immer in Beschäftigung, dann ist sie sehr lieb und brav. Man kann sie daher auch schon mit angesprochener Vernunft erziehen, allerdings erst in den Anfängen. Sie weiß selbst, ob sie böse oder lieb ist und dort sitzt der Ausgangspunkt der schlägefreien Erziehung. Ohne hin und wieder einen Klaps geht es allerdings nicht. Aber es macht jetzt Freude, sie zu formen. Bringt man ihr allerdings kein Verständnis entgegen und stößt sie grundlos zurück, dann ist sie unausstehlich. Sehr musikalisch ? Ob man das behaupten darf. Sie ist ganz wild nach Musikmachen. Omis Ziehharmonika ging kaputt, nun musste ihr Vati seine alte Mundharmonika geben und nun macht sie immer „Musik". Klingen im Radio Takte auf, dann dirigiert sie entweder (meist sogar richtig im Takt) oder sie beginnt sofort sich hin und her zu wiegen und zu tanzen.

13.6.1958

Heike singt fehlerfrei „Alle meine Entchen". Deckt den Teddy mit Verstand im Wagen zu. Spielt mit Mickerchen, wovon sie bisher nichts wissen wollte. Ein kleiner Egoist, der nichts gerne abgibt, ob aus Anlage oder Erziehung, ist nicht klar. Vielleicht gibt sich das wieder.

Butzbach – Goldener Westen

17.2.**1959**

Mein liebes Kind, fast eine Woche ist vergangen und du bist 3 Jahre alt. Groß, sehr groß und so verständig. Alles kannst du singen, was man dir vorsingt, alles willst du auch können. Märchen muss dir der Vater immer erzählen und du erzählst sie mit. Spielen kannst du schon recht sinnreich. Nach der Anleitung eines Kinderpsychologiebuches haben wir dir Knete mitgebracht und du formst richtige Phantasiegebilde und benennst sie. Puppen und Puppenbett sind dir aber noch nicht so wichtig, viel lieber spielst du mit Klötzchen, baust Bänke und Autos, jedenfalls bildest du dir ein, sie zu bauen. Auch der Sandkasten hat seinen Reiz für dich.

Flörsheim

26.6.1959

Heute habe ich entdeckt, dass du keinen besonderen Farbsinn hast. Rot kannst du dir gar nicht merken. Schwarz und weiß weißt du gut zu sortieren. Durcheinander wirfst du auch nichts, sortierst alles nach Farben auf Häufchen, aber du kannst dir die Farben nicht merken. Sonst spielst du schon systematisch und baust in verschiedensten Formen. Symmetrie und Figurensinn kommt darin schon zum Ausdruck. Am besten tritt das beim Spielen mit dem Figurenlegespiel hervor. Auch mit den großen Klötzchen baut sie schon richtige „Gebäude" mit Höhe, Tiefe und Breite. Das Malen dreht sich meist aber noch um „wilde" Linien. Einfachste Dinge, wie Blümchen, malt sie aber auch schon (sehr primitiv) nach. Mit Knete wird auch schon etwas formend gearbeitet, jedoch spielt dabei die Phantasie noch die größte Rolle, wie man ja alles nur als Phantasie bezeichnen kann. Noch nicht konkret. Sie spielt mit ihren Fähigkeiten. Im Wesen wird sie jetzt abgerundeter, obwohl das Widerspenstige ihr Grundzug zu sein scheint. Eckigkeit scheint auch in ihren Bewegungen und Turnereien mehr der Grundzug zu sein.

27.6.1959

Lies es bei deiner Schwester, was ihr für 2 Biester seid. Man muss sich wirklich zusammennehmen, um nicht bei jedem Streich laut lachen zu müssen. Jetzt beginnst du auch mit Knete systematisch zu formen. Eine fischähnliche Schlange, die du mit Fisch bezeichnest, war heute deine Produktion.

19.5.**1960**

Mein liebes Kind ! Ein Jahr ist schon wieder herum. Du bist inzwischen viel größer geworden und auch dein Geist ist erweitert und reger geworden. Jetzt kannst du es schon mal, das Stillsitzen mit Vati oder Mutti im Freien und dich an den kleinen Dingen, Gräsern und

Käfern, freuen. Auch deine Sträußchen gewinnen allmählich an Form und sind nicht mehr formlose Haufen. Nur das Sammeln, das kannst du nicht lassen, Steine oder Stöcke schleppst du immer in Mengen mit dir herum. Seit Ostern besuchst du nun auch den Kindergarten, was aber jeden Morgen eine Überwindung kostet, wahrscheinlich fühlst du dich in der Menge etwas verloren, wenn nicht Muttis oder Vatis führende Hand dabei sind. Wahrscheinlich kommt es wohl auch des öfteren zu Zusammenstößen mit deinen Genossen, denn du bist ja auch nicht gerade eine ruhige und ausgleichende Natur. Ja, und Hemmungen hast du, wie wir es ja schon lange, lange …?? Du würdest bizarre Bauwerke liefern, Zeichen deiner inneren Zerrissenheit und Unausgeglichenheit. Das kannst du aber zu Hause nicht verlieren, da du ja ständig unter Aufsicht stündest. Deshalb müssen wir dich auch im Kindergarten lassen, du wirst mit der Zeit schon Kontakt finden, und die Voraussetzung, zu dir selbst zu finden, das kann nur im Kindergarten, in der Menge, in der du untertauchen und unbeobachtet spielen kannst, geschehen. Das ist nun schade, dass du so unter den Erziehungsfehlern der Erwachsenen zu leiden hast. Aber wir möchten dir diese Hemmungen doch gerne nehmen. Es scheint mir auch schon eine Besserung eingetreten zu sein in deinem ganzen Wesen machst du in deiner Zuhausezeit nicht mehr ganz so uneinigen Eindruck. Auf jeden Fall bist du unser Problem, denn dich streng und trotzdem nicht vergewaltigend zu erziehen, du bist ein empfindsames, sehr stark empfindendes und trotzdem eigenwilliges Kind, das ist schon wirklich ein Problem. Wir versuchen unser Bestes, nur manchmal stellst du einem die Geduld auf eine zu harte Probe. 4 ¼ Jahr – das Warumalter hat mit seiner ganzen

Geduldhaberei und Immerwiederantworterei angefangen. Aber es macht Spaß, dir zu antworten, denn du verstehst jetzt auch schon so vieles. Nur manchmal geht die Warumfragerei zu weit, wenn du nämlich fragst, was du selbst schon weißt. Aber es liegt wohl daran, dass deine kleine Seele ein neues Gebiet sich erschlossen hat und nun damit in allen Variationen spielt, um es ganz zu ergründen und damit auch deinem Wissen und Weltbild gründlichst einzuordnen. Jetzt malst du auch schon Wirklichkeitsdinge, die sogar meistens eine Ähnlichkeit aufweisen, genau wie beim Kuchen. Nur weißt du beim Bilden oft etwas anderes als das fertige Ding später bezeichnet wird. Puppen spielen immer noch eine nebengeordnete Rolle. „Lesen" und Vorlesen hast du sehr gerne. Aus unserer Welt wird Blumen pflanzen, Rauchen und Vatis Studieren viel nachgespielt. Auch gießt du manchmal meine Blumen, worüber ich nicht gerade erbaut bin. Tiere hast du sehr gerne, aber treibst auch oft schlechte Scherze mit ihnen. Das Bauen ist, wie gesagt, etwas bizarr und formlos, in die Breite aber mehr als in die Höhe. Du behältst sehr gut Melodien, Text noch weniger. Dichtest aber selbst in gutem Rhythmus und mit Reimen am Zeilenende, wenn auch sinnlosem Text, in dem deine Tageserlebnisse oder weitere Erlebnisse in abgerissenen Sätzen zum Ausdruck kommen. Für Lob nicht mehr so empfänglich, oft ein Sichverkriechen (Schämen) zu beobachten, auch bei neuen Kleidungsstücken, die dann aber doch mit Stolz getragen werden. Eine z.T. gute Erinnerung an Kampehl und derartige Erlebnisse ist zu verspüren. Heike ist ein kleiner Rudolf Scheumann (ihr Opa) in Essenshinsicht. Das Fleisch kann nicht groß genug sein. Salate, Obst, Gemüse, Kartoffeln, Brot – brauchte es nicht zu geben.

18.7.1960

So, du Range, selbst auch etwas abbekommen. Vati wird mit dir am besten fertig, obwohl du Mutti vorziehst. Eigentümlich, da doch Vati liebevoller und ausdauernder mit dir ist. Mutti ist doch immerhin nicht gerade ein guter Einfluss für dich. Ich kann dich auch meistens nicht beherrschen. Stehe oft hilflos vor deinem Widerspruch. Auch mit Tante Almuth (Kindergarten) hast du schon Zusammenstöße, die sie, wie es scheint, auch nicht zufriedenstellend auflösen kann, denn du gehst immer noch nicht gerne in den Kindergarten. Du gehorchst nicht, wirst mit Aussperren und Bloßstellen bestraft und gehst ins Gegenteil aus, wirst gekränkt und scheinst niemals diese Kränkung zu überwinden und reagierst mit Bockigkeit. Was macht man da nun mit dir ? Du bist eben ein problematisches Kind, das Vati am besten mit Ablenkungsmanövern beherrscht. Mir und wahrscheinlich auch Tante Almuth fehlen dazu die Geduld und letzterer eventuell auch die Zeit. Du musst eben individuell behandelt werden. Hinter deiner dreibastigen Außenhaut verbirgt sich ein sehr zarter unsicherer Kern, der mimosenhaft davor zurückschreckt entdeckt zu werden. Neue Erfindungen von dir oder Spiele oder Lieder, die neu sind, kriegt man nur mit Kunstgriffen aus dir heraus. Sieht man zu oder fragt man offen, verkriechst du dich und nichts ist zu erfahren. Das Verkriechen nicht nur bildlich, sondern du kriechst regelrecht unter den Tisch oder in Ecken. Man müsste mal einen Kinderpsychologen zu Rate ziehen können. Das Unterordnen fällt dir doch recht schwer.

20.8.1960

Heike wird ausgeglichener. Durch Vatis Umgang, der ja jetzt mehr Zeit hat (Studium fertig,Lehrer) merkt man ihr deutlich eine innere werdende Ruhe und Befriedigung an. Vati beschäftigt sich sehr mit Heike und ihren geistigen Ansprüchen. Geht jetzt auch sehr gerne und ganz freiwillig in den Kindergarten, ja, will sogar ganz alleine gehen. Haben heute eine neue Ponyfrisur ausprobiert, siehst aus wie Lieselotte Palmer. Schwänzchen nach vorne geschlagen und Pony geschnitten. Haare liegen bei. Körperlich wird Heike schon mädchenhafter, groß ist sie geworden und geht jetzt auch in die Breite, die Arme sind schon richtig geformt.

24.8.**1962**

Heike „ich beeile mich, damit ihr gleich Fernsehen könnt“.

Am 12.2.**1963** hat Heike ihr 1. Gedicht gemacht.

Fröschlein, Fröschlein in dem Gras,
da steht ein kleiner Osterhas’
„Fröschlein, Fröschlein, wo willst du hin ?“
„ich will zu der Frau Königin.“
„Bleib schön auf dem Weg,
geh nicht über den Steg,
sonst fällst du in das Wasser rein
und fängst dann plötzlich an zu schrei’n.“

15.2.**1964**

Dein Geburtstag ist nun auch wieder vorbei. Diesmal feierten wir mit Fremden und Freund. Es hat euch allen sehr gefallen und Mutti war regelrecht erschöpft anschließend. 8 Jahre bist du nun schon alt. Die Älteste in deiner Klasse und die Größte. Das Lernen macht dir weiter keine Schwierigkeiten, die Konzentration lässt nur manchmal zu wünschen übrig im Gegenteil zu deiner Schwester. Du bist leicht abzulenken, auch oft durch dich innerlich stark in Anspruch nehmende Probleme, die dir und uns (leider) nicht bewusst sind. Das ersetzt du aber durch großen Ehrgeiz, den du hast. Alles kann man von dir erreichen, wenn man dort ansetzt. Im übrigen ist dir nichts so unerträglich wie Nichtstun und Langeweile, du bist ein ganz aktiver Typ. Musst auch alles selbst tun, probieren und entdecken. Dadurch gleicht sich andererseits deine mangelnde Konzentrationsgabe aus, du erarbeitest dir gerne und lieber etwas selbst. Rechnen, Handarbeiten und neuerdings Flötenspielen sind deine ganz starke Seite. Seelisch bist du immer noch ein sehr leicht verwundbarer, empfindsamer und zu kränkender Typ. Alle Probleme wälzt du still in und mit dir herum und es besteht dadurch immer die Gefahr der Abkapselung und Gehemmtheit, wenn man das bei dir nicht erkennt, berücksichtigt und dir überwinden hilft. Wie schon immer, viel Verständnis, Liebe und Geduld brauchst du um dich. Ich bin aber zufrieden mit euch beiden und hoffe, euch eure Qualitäten fürs Leben erhalten zu helfen und die wenigen dunklen Seiten überwinden zu helfen. Im Spielen neigst du zu den Jungen, obwohl du so mimosenhaft empfindlich bist. Aber vielleicht findest du dort die wenigsten Undurchsichtigkeiten und meisten

Klarheiten. Mädchen sind ja oft schon so undurchschaubar weiblich, sprunghaft und extrem.

22.4.1964

Heike ist ein zappeliges, schwer zu bändigendes Kind. Neigte zur Rowdyhaftigkeit, ob es überwunden ist ? Konzentrierte Arbeit hilft sehr gut, geistig wie auch körperlich. Sie ist ein Sprachtyp. Analysiert unbewusst grammatisch, keine Schreibweisenschwierigkeiten dadurch !

15.4. **1966**

Heike hat seit vorigem Jahr eine Psoriasis – Schuppenflechte, eine sehr eklige Angelegenheit. Es ist eine Erbgeschichte, die Heike ihr Leben lang verfolgen wird. Sie kann zu jeder Zeit, besonders im Frühling, wieder ausbrechen. Kein Mensch weiß, wo diese Erbanlage herkommt. Die Ärztin meint: rezessive Erbanlage. In diesem Jahr ist es besonders schlimm. Der ganze Kopf ist übersät. Nun müssen wir jeden Tag ein Teerkleiebad machen und den Kopf und die übrige befallene Haut mit Salben behandeln. Seit 1 Jahr habt ihr lieben Kinder es etwas schwerer, Mutti arbeitet als Schulsekretärin und ihr müsst tatkräftig mit. Du, mein liebes Mädchen, besorgst ganz alleine euer Kinderzimmer und machst es sehr ordentlich. Seit 1 Jahr wirst du zur Jungfrau, nun ist es mit der Heikemaus vorbei. Aber du bist ja doch immer unsere Maus. Bist trotz deiner Frühentwicklung immer noch sehr unbefangen, natürlich und hoffentlich noch recht lange kindlich. Nun habe ich euch auch in die Geheimnisse des Mannes erstmal oberflächlich eingeweiht. Das

weitere müsst ihr erfragen. In der Schule bist du etwas beherrschter geworden. Aber immer noch ein sehr hoher Typ. Etwas müssen wir ihn noch versuchen auszugleichen, aber es ist doch deine Natur, und da soll man nichts verderben. Es hat auch sein Gutes, wenn man etwas zurückhaltend ist.
Heike ist übrigens ein Dichterling, sie schreibt ganz entzückende, sehr phantasievolle Aufsätze.

Hier endet das Tagebuch über Heike Scheumann.

Babytagebuch Antje, geschr. v. Lisa-Käthe Scheumann (Mutter) Mai 1957-22.4.1964

ANTJE
(geschr. v. Lisa-Käthe)

12.5.**1957**
Kampehl, Brandenburg, DDR

Antje, unser 2. Mädchen, ist nun schon 7 ½ Wochen alt. Und kein Vati oder keine Mutti hat die Errungenschaften unseres Sprösslings festgehalten. Am 21.3. geboren, wog sie 7 Pfd. 200 g, war 52 cm lang und hatte einen Kopfumfang von 36 cm. Die Geburt war sehr normal. Ein Gang durch den Wald zur Klinik ließ das Ganze nur ½ Stunde dauern, 3 Presswehen, davon gerissen bin ich allerdings auch. Gestillt wurde das Spätzchen gar nicht. Aber trotzdem gedeiht sie bis jetzt erwartungsgemäß. Die Schwangerschaft brachte einige Leiden mit sich. Venenentzündung, Ohnmachtsanfälle, Entzündung der äußeren Geschlechtsorgane und Ischias, sodass ich kaum laufen konnte. Mit der Geburt war aber alles vergessen, wenn ein plötzlicher Schmerz im Ischias oder das Stechen in den Adern mich nicht erinnern. Das war ein schöner Moment, als Antje warm und nass zwischen meinen Beinen zappelte, das liebe Wesen. Und 10 Tage durften wir dann noch mit uns alleine und füreinander dasein. Dann ging die Arbeit für Vater und Kinder los und reißt nicht ab. Antje wird gegenüber Mäuschen stark vernachlässigt. Aber für ihre Ruhe ist mir das sehr lieb. Da brauche ich wenigstens

nicht zu schimpfen. Unser Spross ist aber von sich aus ein unzufriedenes Mädchen. Sie weint sehr oft, sodass sie im Schlafzimmer gar nicht stehen kann, wenn Mäuschen dort schläft. Gesundheitlich ist sie aber ganz auf der Höhe. Bekommt 160g Hafer-säureschleim, trinkt aber selten mal aus und ist aber trotzdem rund und dick. Geistig ist sie auch entsprechend Mäuschens Entwicklung. Sie sieht, hört, bapelt die ersten Töne und lauscht, wenn man mit ihr spricht. Dann ist sie auch ruhig. Nur lachen kann man nicht so viel. Ist aber bedeutend lebhafter und energischer. Das brüllt und strampelt im Bettchen und beim Wickeln, dass ich ihr bald Strampelhöschen anziehen muss. Wie es gewichtsmäßig um sie steht, weiß ich nicht. Die Mütterberatung kann ich ja kaum besuchen, der Weg ist zu weit.
Ist schönes Wetter, steht sie den ganzen Tag draußen im Garten, in frischer Luft. Im Kinderbettchen liegt sie seit 3 Wochen auch schon, rieb sich im Körbchen das ganze Köpfchen wund. Eine Mastitis habe ich auch schon mit ihr erlebt. Sehr unreine Haut und sehr spröde (Fischhaut) hat auch Antje auf die Welt gebracht.
Aber erst an unserem 2. Kind merken wir, wie die Zeit des Unbewusstseins noch anhält. Man sieht erfahrungsgemäß und vergleichsgemäß alles mit anderen, nüchterneren Augen. Die 1. Bilder sind heute auch gemacht und werden uns dann bildliche Vergleiche machen lassen.
Däumchen und Finger werden nicht gelutscht.

22.5. 1957

Antje befindet sich seit Sonntag in ihrer 1. Ernährungsumstellung. 25g-weise gehe ich auf 2/3

Milch über. Mit ½ TL Apfelsinensaft beginnend bin ich bis heute bei 2mal ½ und 1mal 1 TL angelangt. Bis jetzt hat sie alles ganz gut vertragen, nur die Schärfe des Apfelsinensaftes hat ein geringes Wundsein zur Folge. Vor einigen Tagen hat Antje im Garten ihr Köpfchen gehoben (8 Wochen) und sich von selbst von der Seite auf den Rücken gedreht. Antjes Haut hat dieselben Eigenschaften wie Mäuschens. Schuppig, sehr empfindlich und bei Schwitzen Pickelbildung. Zwischen den Beinen an den Schenkeln hat die Windel auch Hornstellen gerieben. Nur, durch die Penatencreme bin ich den Erscheinungen ja besser gewachsen. Eben lese ich noch einmal die Aufzeichnungen von Mäuschen im gleichen Alter und muss feststellen, dass Antje auf keinen Fall weiter und kräftiger ist als Mäuschen, eher noch weiter zurück. Sie verfolgt zwar auch schon Personen und Bewegungen, aber von einer Veränderung ihrer Umwelt scheint sie noch keine Notiz zu nehmen. Köpfchenheben in Rückenlage ist auch noch nicht zu verzeichnen. Eins steht aber fest, sehr unruhig ist sie. Sogar beim Trinken muss gestrampelt werden und nimmt man ihr die Flasche mal aus dem Mund, um aufzustoßen, dann wird gebrüllt. Am zufriedensten ist sie nach dem Trinken auf dem Arm. Da kann sie sogar lachen. Legt man sie ins Bettchen, geht die Weinerei auch gleich los.

23.5.1957

Muss gleich festhalten, dass Antje heute 1. Dekristal bekam und 3 TL Apfelsaft. Antje zieht bereits in der 10. Woche die Beinchen auf dem Bauch an, sodass sie auf den Knien liegt.

26.5.1957

Antje seit 3 Tagen erkennendes Lächeln. Spricht, lallt, wenn man mit ihr spricht. Köpfchen hebt und hält sie frei, wenn man sie auf dem Arm hält. Antje bekommt jetzt voll 2/3 Milch und 3mal 1 TL Obstsaft bzw. Obst. Z. Zt. füttere ich Banane mit Zitronensaft. Alles gut vertragen.

27.5.1957

Antje trägt seit gestern Strampelhöschen, sie war nicht mehr in der Windel zu halten. Jetzt merkt man, wie kräftig sie im Rücken ist. Hält sich, wenn man sie in der Mitte fasst, vollkommen grade.
Antje scheint jetzt sonniger zu werden, sie lallt und bapelt und jauchzt sogar jetzt meist in der Wachzeit. Deutlich erkennend und aufnehmend bestaunt sie ihre Umwelt.

6.6.1957

Mit 10-11 Wochen hatte Antje ihr dummes Vierteljahr überwunden. Jetzt lächelt sie uns deutlich an, spricht man mit ihr, hört sie hin. Sie reagiert auf Schimpfen mit Weinen, auf liebevolles Ansprechen mit Lächeln. Am wohlsten fühlt sie sich draußen, dort hört man sie selten weinen. Liegt sie aber bei schlechtem Wetter im Zimmer, dann wird protestiert. Von früh 6 Uhr bis abends 20 Uhr steht der Wagen mit ihr draußen, wenn das Wetter es zulässt. Wie ein Negus sieht sie dadurch fast aus. Ihre Mahlzeiten musste ich auf 4 beschränken, in 5-stündigem Abstand (1/2 6, 10, 15, 20), sie trank nie aus, und bei der folgenden Mahlzeit kam ihr meist die

Milch von der vorangegangenen noch hoch. Jetzt trinkt sie besser und zeigt auch kein besonderes Hungergefühl, wenn 4 Stunden verstrichen sind. Wahrscheinlich verdaut sie sehr langsam. Auch ein Däumchenlutscher ist sie geworden. Seit Sonntag, je nachdem auf welcher Seite sie liegt, nimmt sie den Daumen des freien Armes. Ihre heftige Gemütsart hat sich gelegt. Sie ist zwar noch immer sehr lebhaft und leicht beleidigt, aber das Brüllen in ihrer Wachzeit hat jetzt mehr dem Lallen, Lächeln und Beobachten ihrer Umwelt weichen müssen. Man sieht wieder, konsequente Behandlung erzieht am besten.

5.7.1957

1 Monat ist vergangen seit der letzten Aufzeichnung. Du wirst später mal böse sein, mein Kind, wenn du siehst, wie Mutti dich deiner Schwester gegenüber vernachlässigt. Aber sie hat ja jetzt auch mehr zu sagen, als zu der Zeit, als Heike so klein war. Du bist nun schon so ein liebes, großes Mädchen geworden. Bist genauso, vielleicht noch stärker, artig wie das <u>kleine</u> Mäuschen, lachst den ganzen Tag, wenn man nur an den Wagen kommt. Und dann erzählst du immer so laut, dass es durch den Garten schallt. Das hört sogar Mäuschen und sie muss dann erst über den Wagenrand gucken, was es denn so Wichtiges mitzuteilen gibt. Sehr lebhaft und stürmisch bist du aber geblieben. Du hast nicht einmal Zeit, bis dir Mutti nach dem Wickeln die Spuckwindel (= Lätzchen) umlegt. Wenn das nicht affenartig schnell geht, dann erhebst du lauten Protest. Und wenn du getrunken hast und es läuft nicht oben wieder raus (dass es zu viel war), dann ist das auch nichts für dich. Brüllen kannst du, dass deiner Mutti die

Nerven reißen, das hat dir schon manchen Klaps eingebracht. Genausowenig kannst du still liegen. Das strampelt und hampelt und stößt und würgt auf die Seite (es geht nur noch nicht) – nur immer in Bewegung sein. Aber das ist auch schön. Du bist jetzt auch kaum satt zu kriegen. Scheinst alles einzuholen, was du in der ersten Zeit versäumtest. Seit 1 Woche gibt's Möhrenbrei, den du anfänglich mit großem Protest mehr in die Lunge als in den Magen schlucktest. Auch jetzt ekelst du dich noch, hast aber wohl eingesehen, dass aller Protest gegen Muttis Starrsinn nichts nützt und so fügst du dich eben. Nachts schläfst du jetzt auch immer schön durch. Bei dem schönen seit 3 Monaten dauernden Sommerwetter stehst du von morgens 6 Uhr, nur mit Hemdchen und Windel bekleidet, draußen in unserem Paradies. Da kann man dich dann erzählen und lachen hören. Erdbeeren hast du sehr viele bekommen. In der Flasche, zerdrückt, sie sind dir sehr gut bekommen. Nur mit deinem Wundsein, das sucht sich immer neue Stellen, wenn ich es auch in Grenzen halte. Mit Puder und Penatencreme, die mir Ömchen immer schickt. Ich möchte bei der Hitze ja keine ungesäuerte Milch geben. Vor einigen Tagen sah ich dich Brückemachen, mein Kind. Aber in deiner ganzen Entwicklung hältst du mit Heike stand, du bist nicht besser, aber auch nicht schlechter. Nur lebhafter und da hat man oft den Eindruck, du wärst schon viel weiter als Mäuschen in dem Alter. Interessant ist es, deine Händchen zu beobachten, die du immer vor dir hin und her drehst und sie aufmerksam ansiehst. Ich glaube, du musst bald ein Spielzeug bekommen. Auch Tücher, die Gardine zum Fliegenschutz u. dgl. werden von dir herangezogen. Wenn ich dir das Näschen putze, dann stößt du mit sicherem Hieb meine Hand weg, da merkt man, dass das

kein Zufall ist. Ich lese gerade, dass Mäuschen alles in den Mund steckte, was sie erreichen konnte, das habe ich bei dir noch nicht bemerkt, hoffentlich machst du mir damit nicht so viel Ärger, wenn du mal so alt bist wie Mäuschen jetzt. Den Kopf hebst du bei deinen Würgereien schon an, sodass ich meinte, du müsstest dich auch schon hochziehen, aber den Gefallen tust du mir noch nicht.
Du weißt auch genau, dass beim Kopffesthalten das Naseputzen folgt, da wird dann schon vorher gebrüllt. Kitzlig bist du am Hals, Brust und Bauch, aber nur bei guter Laune, da kannst du dich ausschütten vor Lachen. Manchmal lachst du schon beim Ansprechen ganz laut. So betitelte ich dich vor einigen Tagen mit „Kükchen", das war dir auch furchtbar lächerlich. Beim jedesmaligen Wiederholen des Namens lachtest du ganz laut und intensiv.

27.7.1957

Antje greift seit einigen Tagen nach erreichbaren Gegenständen, hält sie fest und betrachtet sie eingehend. Seit 3 Tagen bekommt Antje einfache Milch mit Reisschleim, hoffentlich geht nun das Wunde zurück. Sonst nichts Neues.

4.8.1957

Ja, das Gleiche wie alle tut sie mit einer Klapper, die wir gestern endlich erstanden. Anfangs erschrak sie á la Heike über den Krach, aber jetzt greift sie schon mit beiden Händchen und besieht sie sich eingehend. Wundsein ist weg. Reisschleim noch ein paar Tage.

1.9.1957

Antje hat sich heute beim Baden 3-mal ganz alleine auf den Bauch gedreht. Sie hebt auch seit ca. 1 Woche ihr Köpfchen aus der Rückenlage. Ist ein rechtes Dickerchen, dicker als Mäuschen war. Sie isst jetzt 2mal Brei, 2mal Flasche. Wird schon immer beim Auftauchen der Spuckwindel lebhaft begrüßt. Antje scheint aber doch bedeutend ruhiger zu sein als Mäuschen, schelmisch lacht sie nie, obwohl sie eigentlich offenherziger und öfter lacht als Mäuschen.

7.9.1957

Antje beginnt sich hochzuziehen.

9.9.1957

Antje seit heute abgehalten.

13.9.1957

Antjes unteren beiden Schneidezähne sind durch.

13.11.1957

Antje mit 7 Monaten ? gepapelt (?) – bababa – mamama.
Hochziehen ja, schon sehr gut, sitzen aber noch nicht. Macht ebenfalls einen ziemlich aufgeweckten Eindruck, jedoch sehr eigenwillig, geht es nicht nach ihrem Willen, bekommt sie regelrechte Wutschreianfälle. Ruhig ist sie aber noch immer. Nach Eigelb(?)füttern mit 7 Monaten, trat Durchfall-schwarzgrün ein. Musste

sofort aufhören, 1 Tag nur Tee (mit Milch) und Zwieback, danach noch 14 Tage häufiger Stuhlgang und Empfindlichkeit des Verdauungssystems, jetzt aber einigermaßen. Antje hat überhaupt empfindlichere Verdauungsorgane als Mäuschen, jede geringste Umstellung und sei es nur verschiedene Zwiebackarten, gleich reagiert sie mit Durchfall und häufigerem Stuhl. Antje wohl sehr ruhig, aber ungeduldig beim Essen, kommt nicht gleich Flasche oder Brei nach Umlegen der Spuckwindel, dann protestiert sie energisch. Auch scharfes Ansprechen (Schimpfen) kann sie nicht vertragen.
Sie spielt schon richtig mit ihren Gummi? und –tieren und ihrer Klapper.

17.11.1957

Antje sitzt ! Seit 14 Tagen, als das erste Vomsitzhochziehen im Wagen startete, ist sie heute so weit, dass sie sich setzt und legt, je nach Belieben. Vor einigen Tagen hatte sie nachts ½ 3 ihre Plapperstunde. Sie machte derartigen Krach, dass wir sie rausstellen mussten. Gestern und vorgestern war sie 3 bzw. 4 Stunden bei fast -10° draußen. Heute ist es -10°, da kann sie nicht raus.

19.1.**1958**

Ja, unsere Dicke ! Im Wagen sitzt sie zwar, aber im Bettchen (Spielbett) liegt sie nur. Weil auch kein weiterer Zahn durchbrach, dachte ich schon an Kalkmangel – obwohl ? Ich will es nicht hoffen.
Sie wird schon sitzen und laufen lernen. Immer noch sehr geduldig. Seit ca. 3 Wochen spricht sie

vorgesprochene Silben (adda-adda – na-na-na) nach. Sie achtet jetzt sehr auf Mimik und Sprache und versucht, es nachzuahmen. Aber sie ist eigentlich sehr sonnig geworden. Selten, dass sie mal weint. Sie scheint auch in ihrem Eigenwillen sanfter geworden zu sein.
Stelle sie jetzt auf Normalkost um. Bekommt schon seit 3 Tagen nur mit der Gabel zerdrücktes Essen. Muss ja immer noch sehr vorsichtig sein, denn Antje hat einen sehr empfindlichen Magen.

27.1.1958

Antje hat vor ca. 1 Woche oben rechts den Schneidezahn bekommen. Der linke ist beim Durchbrechen. Eben kniete sie im Laufbettchen am Gitter. Vom Sitzen will sie aber trotzdem nicht viel wissen. Sie legt sich immer wieder lang.

4.2.1958

Vor 3 Tagen hat Antje sich nun zum ersten Mal zum Stehen hochgezogen. Mit den Knien am Gitter geht es schon besser und geschickter. Sie setzt sich auch selbständig.. Aber Mickerchen ist sehr schwerfällig. Es sieht immer aus, als ob ein Mehlsack am Gitter hängt. Rutscht sie dann aus und fällt irgendwie recht ungeschickt oder knickt mit den Füßen, kann sie sich keineswegs helfen und großes Geschrei ist die Folge. Aber hartnäckig versucht sie es immer wieder hochzukommen, ja man könnte sagen verbissen. Und wehe, wenn sie umfällt oder nicht richtig hochkommt, dann bricht ihr Eigenwille durch und lautes Gebrüll kündet ihren Ärger an. Sie spürt auch ganz genau, was um sie herum vor sich geht, spürt jede Veränderung.

Z.B. beim Besuch bei G… wurde erst einmal geweint, die fremde Umgebung und auch Erika durfte sie nicht mehr nehmen, auch da protestierte sie. Ebenso beim Umbetten (Mäuschen ins Holzbett, Antje ins Drahtbett). Ganz weinerlich und unruhig war sie am 1. Abend, immer wieder drehte und wendete sie sich. Auch im Nachahmen, Singen und Lallen, merkt man ihr Aufmerken. Große Freude hat sie jedoch immer an und mit Heike, dann ist sie eitel Sonnenschein, wenn Heike sich mit ihr beschäftigt.

4.3.1958

Ja, unser Mickerchen ! Seit 4 Wochen oben rechts den 3. Schneidezahn (im Ganzen 5). Nun steht sie schon am Gitter und … auch rund herum. Ist mir gestern aus dem Bett gefallen, der Räuber. Hat aber wie scheint, nichts weiter weh getan.
Ahmt sprechend alles nach und versteht genau, was man von ihr will, ob man lieb oder böse mit ihr ist. Sie spürt auch genau, ob sie oder Heike geschimpft wird. Eine musikalische Ader scheint sie auch zu haben, denn wenn jemand singt, dann singt sie auch. Aber im Temperament scheint sie wirklich das ganze Gegenteil von Mäuschen zu sein. Ihre Bewegungen erinnern immer an Zeitlupenaufnahmen. So sitzt sie den ganzen Tag fast alleine in ihrem Bettchen, sieht aus dem Fenster oder spielt mit sich und ihrem Spielzeug. Da hört man keinen Ton, höchstens wenn sie müde wird. Dann kann sie allerdings auch recht ungemütlich werden und bis zur Nervenmühle ists nicht weit. Kommt man in ihre Nähe, dann lächelt sie immer so dankbar und sanft. Ihre Korpulenz bestimmt immer noch den ganzen Charakter.

24.5.1958

Antje singt simple Melodien nach. Seit heute ? sie auf Heikes ?, hat aber sehr schnell begriffen. Sagt: ja, nein, Heike, Ada. Macht die 1. Schrittchen, will immer laufen.

23.6.1958

Seit ca. 1 Woche läuft Mickerchen von festem Halt zu festem Halt , aber noch ängstlich. Seit heute vollkommen frei mit ab und zu leichtem Festhalten.

Nov. 1958 Übersiedelung aus der DDR nach Butzbach zu Lisa-Käthes Eltern

Ein paar Monate später Rauswurf von Willi Völz und Umzug zu einer Bekannten Lisa-Käthes nach

26.6.**1959**
Flörsheim am Main, BRD

Ja, meine kleine Mixe. Du bist in Bezug auf Tagebuch mein Stiefkind. Aber nur in Bezug auf Tagebuch. Denn sonst bist du so ein liebes anschmiegsames und stilles Kind, dass man dich sehr lieb haben muss. Du bist zwar ein Dickkopf und kannst auch bockig sein, aber im Grunde bist du ein ruhiger und ausgeglichenerer Charakter als deine Schwester. „Mein Baby" nenne ich dich immer im Stillen, denn das bist du bis heute, so ein kleines liebes rundes Ding.
Nun läufst du schon richtig sicher und fest und schnell auf deinen kleinen festen Beinchen. Stämmiger bist du als Heike, fester und stabiler. Auch wenn du lernst, geht

das bei dir runder und schneller, so mühelos, während Heike etwas eckig ist. Jetzt sollst du im Flegelalter sein, viel merke ich allerdings nicht davon, Heike war flegliger. Aber du entwickelst auch deine geistigen Kräfte schon. Farben erkennst du, rot und gelb, sehr genau und deutlich. Auch was schwarz ist, weißt du. Das Bauen dreht sich bei dir immer noch um Ausdehnungen in Länge und Senkrechte. Deine Sprache ist eigentlich sehr gut. Ja, Antje spricht sehr gut. Kindliche Redereien kenne ich gar nicht an ihr. Heute Abend sagte ich:“ Wenn das mit der Majonäse nicht aufhört, war es heute das letzte Mal, die kommt nicht mehr auf den Tisch.“ Sagt sie doch:“Abräumen, abräumen !“ ---

27.6.1959

Was seid ihr bloß für eine Bande !? Gestern setzt ihr mir in meiner Milchholzeit die Küche unter Wasser und amüsiert euch dabei köstlich, badet sämtliche Puppen gleich mit Kleidern und die Bilderbücher dazu und bespritzt euch mit dem aus der Badewanne triefenden Scheuerlappen und heute komme ich ins Schlafzimmer beim Mittagsschlaf. Sitzen beide auf dem Teppich, Heike im umgekippten Rauchtisch, ein Bild zum Schießen (=Lachen).
Liegt da der Rauchtisch auf der Erde und hat einen neuen Kopf (Heikes Kopf). Wie du überhaupt immer aus deinem verschlossenen Bett kommst, das bleibt eine Leistung für sich. Du bist ein Biest, Mixe. Heute habt ihr selbständig Würmer gerollt aus Knete.

Ende 1959 Umzug nach

23.5.**1960**
Nieder-Eschbach b. Frankfurt/Main

So, liebe Mixe. Nun scheinst du ja wieder gesund zu sein. Eine allgemeine Erkältung mit Augenbindehautentzündung, Schnupfen und Husten scheint es gewesen zu sein. Anfangs nahmen wir Masern an, aber die scheint sie doch schon mit ½ Jahr und Heike zusammen gehabt zu haben, sonst wären sie jetzt sicher durchgekommen. Der ganze Kindergarten hatte nämlich Masern. Mixe geht nun auch in den Kindergarten. Sie zeigt das gegenteilige Wesen von Heike, wie ja auch zu Hause. Hat keinerlei Hemmungen, ist sofort überall zu Hause. Ist mit nichts aus der Ruhe zu bringen, wie ja schon immer, so auch heute. Nervosität kann ihr gar nicht imponieren und sie gar nicht beeinflussen. Sie zeigt immer gleich bleibende Ruhe, ob sie nun friedlich spielt, sich mit Heike zankt, was sie sehr beharrlich tut oder geschimpft bekommt. Immer noch habe ich den Eindruck, als wenn Mixe auch beständiger im Lernen ist, ja, ich möchte sagen, sie weiß und kann schon manches, was Heike in dem Alter noch nicht konnte. In ihren Äußerungen ist sie immer noch sehr schlagfertig und urkomisch. Sie macht uns psychisch keinerlei Sorgen. Sie entwickelt sich völlig alleine und stellt einem keine Probleme. Bauen und Malen gehen gut vonstatten. Sie beschäftigt sich gerne alleine und spielt dann sinnvolle Spiele. Sie spielt sehr gerne mit ihren Puppen und sehr liebevoll und natürlich. Für mich ist sie immer das große Baby, das man einfach lieb haben muss. Sie besitzt die sehr erstaunliche Gabe , einem im Augenblick alle bösen Gedanken und allen

Zorn mit einer Äußerung oder Geste zu vertreiben und sie weiß immer, wann das Barometer auf Sturm steht, was sie nie zu Aufruhr und Widerspruch, wie Heike, reizt, sondern sie ruhig sein und etwas Liebes tun lässt. Ein aus sich glückliches Menschenkind, ein Sonnenschein, den auch alle Außenstehenden lieb haben.
Sie befindet sich ja nun auch grade im drolligen 3Jahr-Alter. Aber „Ich-auch", die typische Äußerung dieses Alters, kannst du auch manchmal erbittert durchsetzen, worin du dann, im Gegensatz zu Heike, sehr energisch und nicht zu besänftigen bist. Geschmacklich scheinst du deiner Mutter nachzuarten, mehr Süßspeisen als Fleischspeisen.
Antje scheint jetzt manchmal etwas unkonzentriert im Spiel zu sein. Beginnt allerlei und lässt alles begonnen liegen. Vor allem, wenn Heike da ist und auch spielt (Ich auch), dann muss sie immer dazwischen funken. Mit dem Nachspielen der Erwachsenen fällt mir bei ihr eigentlich nichts so sehr auf. Sie beobachtet viel und gern und äußert das dann aber immer auf ihre Weise, irgendwie kindlich verwertet. Sie ist mehr Heikes Nachahmer und ist dadurch vielleicht auch ihrem Alter etwas voraus. Denn auch Antje fragt schon „warum" und kann auf „warum tust du das ?" antworten. Eine Eigenschaft bzw. Fähigkeit, die doch erst in 1 Jahr in Erscheinung treten dürfte. Auch versteht sie eine höhere Ausdrucksform als Heike in dem Alter. Sie steht geistig zwischen ihrem Alter und Heikes Alter.

18.7.1960

Und wieder muss die Mutti eine Krankheit bei dir vermerken. Hoffentlich ist es die letzte in diesem Jahr.

Wie es nämlich scheint, haben wir nämlich keine Krankheit richtig auskuriert. 3 Tage Bettruhe hat der Arzt gesagt (Dr. Neubauer in Vertretung), fieberfrei und dann erst stundenweise aufstehen. Und was hat die Mutti immer gemacht ? 1 Tag fieberfrei und aus dem Bett. Ja, nun weiß ich es, deshalb warst du vielleicht auch <u>dauernd</u> erkältet, weil es nie auskuriert wurde. Du hattest nun durch Muttis Leichtsinn (wir haben dich nach 1 fieberfreien Tag schon mit zum Main genommen) eine Lungenentzündung, wenn auch eine leichtere, aber es war immerhin ein böses Ergebnis. Am Sonntag, also vorgestern, musste ich den Arzt holen, wegen 38.8 Fieber und roter Flecken, wie Nesselbeulen, am Körper. Er verschrieb uns gleich ein Sulfonamidpenicillinpräparat mit Kakaozusatz, das du 3x tgl. 1 TL nehmen musstest gegen die Entzündung und 2x einen stubenwarmen feuchten Wickel. Das Ergebnis war Temperaturrückgang bis zum Abend und gestern schon fieberfrei. Wie zu erwarten, müssten wir damit schon gewonnene Schlacht haben. Was mir nun noch große Sorgen macht, ist dein mangelhafter Appetit. Sonntag hast du gar nichts gegessen, gestern und heute etwas, auch Obst, das der Arzt sehr empfahl, willst du auch nicht. Sonst bist du zwar blass, aber sehr mobil. Habe dir gestern 3 Bilderbücher, Buntstifte und Malheft mitgebracht, da hast du schon tüchtig gearbeitet. Das Malheft schön ausgemalt, farbgerecht, nur noch etwas über die Striche, eine beachtliche Leistung. Momentan schläfst du alte Range nun. Bist immer noch ein hübsches, anschmiegsames und ausgeglichenes Kind. Dadurch lernst du auch die Verse und Lieder im Kindergarten gründlicher, was du einmal weißt, kannst du genau und vollständig wiederholen. Ein Beobachter bist du, wie mir Tante Almuth (aus dem Kindergarten) sagte. Naja, ruhig, beobachtend und dann kommt ein gründliches Ergebnis raus. Folgerichtig !

24.8.**1962**

Sie äußerte, „Ich lerne gar nicht erst, ich heirate gleich, suche mir einen Mann und heirate gleich.“

18.9.1962

Im Vorderpo klopft etwas, wenn ich so sitze. Ich glaube, ich muss einen Lull (sächsisch für pinkeln).

16.2.**1964**

Eben hast du deinen 3. unteren Schneidezahn verloren und die Gelegenheit will Mutti nun gleich benutzen, um wieder einmal deine Entwicklung festzuhalten. Hast grade wieder eine Erkältung, fieberhaft, hinter dir. Das liebe anschmiegsame Hausmütterchen bist du geblieben. Püppchenbesorgen, Kochen, Waschen, das sind so deine Lieblingsbeschäftigungen. Nun kommst du auch bald zur Schule, kannst schon lesen und schreiben und rechnen, ohne, dass wir auch nur das Kleinste dazugetan hätten. Wie wird das bloß mit dir in der Schule werden ? Wirst du dich noch konzentrieren können ? Ich habe wirklich Sorge deswegen. Sonst bin ich sehr mit dir zufrieden, du bist sehr klug und nachdenklich. Wie ich schon früher erwähnte, denkst du sehr gründlich. Handarbeiten fesseln dich nicht so sehr, eigenartigerweise, wo du doch sonst so häuslich veranlagt bist. Aber sehr anlehnungs- und liebebedürftig und empfindsam. Eine traurige Geschichte lässt dich in

Tränen ausbrechen. Dein Temperament, wenn in Streitfällen mit Heike hartnäckig auf seinem Standpunkt bestehend, ist sonst aber sehr ruhig und nachgiebig. Obwohl du einen Standpunkt sehr schwer verlässt und dann nur unter Tränen. Aber das muss ja zum ruhigen Temperament durchaus kein Widerspruch sein, Beharrungsvermögen á la Vater Heinz , passt ja ausgezeichnet zum ruhigen, nachdenklichen und anlehnungsbedürftigen Temperament.
Ausgesprochenen Ehrgeiz konnte ich bei dir eigentlich noch nicht entdecken, obwohl man ihn anstacheln kann. Im Grunde tust du aber nur, was dir entspricht und nicht, weil es jemand auch tut. Eigenartigerweise schließt du dich seit ca. ½ Jahr im Kindergarten von den anderen Kindern ab. Das kann ich nun allerdings noch nirgends einordnen. Ob es eine Frage der Reife ist ? Denn reifer scheinst du mir charakterlich und gefühlsmäßig und auch verstandesmäßig zu sein. Bei deinen Gesprächen hat man immer den Eindruck, du bildest aus allen Erkenntnissen eine Analyse, die dir immer etwas Vollkommenes gibt.

22.4.1964

Keine Gefahr des Alleskönnens. Sie muss doch eine ganze Menge lernen, trotz Vorlernens mit Heike. Es war oberflächlicher Art. Nun gewinnt sie Selbstvertrauen, ihre Ängstlichkeit gegenüber Tieren und Jungen weicht.

15.4.1964

Von dir wollte ich etwas Besonderes eintragen und habe es vergessen.
Du bist immer noch ein Mädchen mit Charme, die

überall gerne gesehen ist. Aber auch ein elender Dickkopf. Der Name Rumpelstilzchen, den wir ja schon vor einigen Jahren für dich feststellten, wird wohl immer passen. Und eine kleine Schlampe bist du auch, da muss Mutti noch etwas rumerziehen. Sonst bist du aber ganz in Ordnung. In der Schule hältst du mehr als du versprochen hast. Eigenartigerweise hast du zu den Mädchen in deiner Klasse keinen rechten Kontakt. Ob das an der Schwester liegt ? Seit einiger Zeit sammelst du Briefmarken mit einer wahren Leidenschaft und schreibst nette und viele Briefe.
In letzter Zeit hast du Anzeichen eines sehr empfindlichen Verdauungssystems gezeigt. Da wirst du wohl in die Fußstapfen deiner Mutter treten und musst da etwas vorsichtig sein. Als Säugling machtest du uns das ja auch schon klar. Es sieht so aus, als ob du einen recht kleinen Magen hast, da wirst du dann wohl immer Zwischenmahlzeiten zu dir nehmen müssen.

Hier endet das Tagebuch über Antje Scheumann

Anhang

Familie Pflugradt ca. 1941 in Jasenitz, Lisa-Käthe 1. Reihe, 3. von links

ca. 1937/38, eine Hochzeit in Jasenitz, ganz links von hinten Willi, Lotte und Lisa-Käthe Völz

Käthe und Lotte Pflugradt hinten mit den Kindern
Lisa-Käthe, Karin und Christine, ca. 1944

Jasenitz Anfang der 1930er Jahre, Großfamilie
Pflugradt

Jasenitz, Lisa-Käthes Elternhaus

Hochzeit Lisa-Käthe Völz + Heinz Scheumann,
13.5.1955, Zeitz
Trauzeugen Wolfgang Petzold (li) + Würchwitz (re)

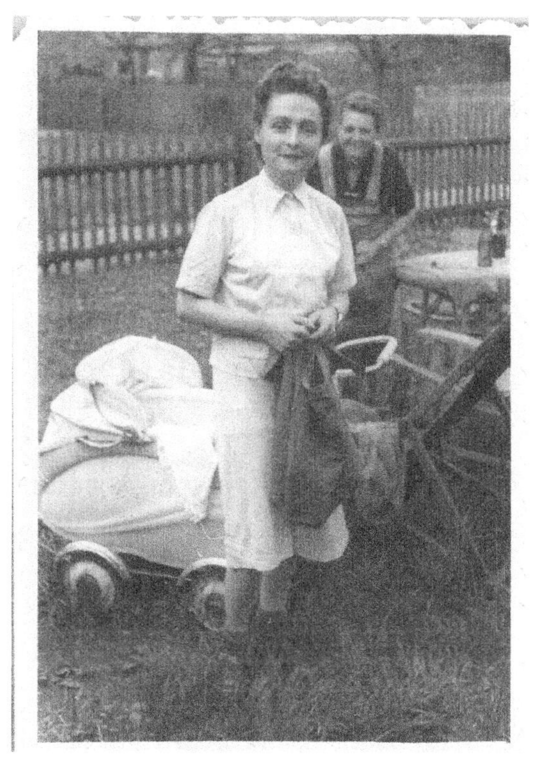

Lisa-Käthe Juni 1956 in Zeitz

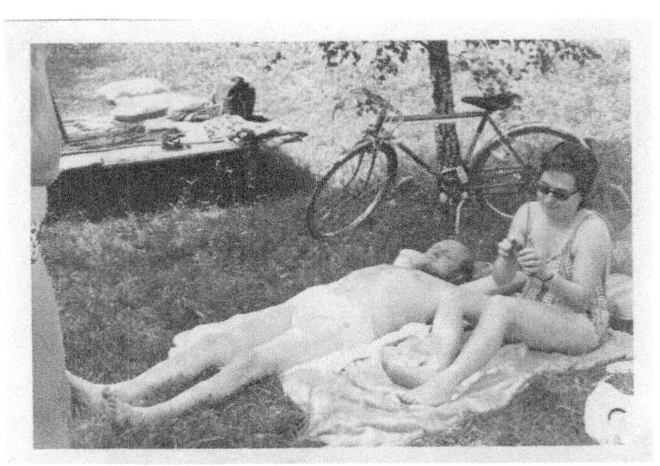

Heinz + Lisa-Käthe 1972 in Ibm/Österreich

Lisa-Käthe in Kyritz, 1996

Lisa-Käthe und Heinz Scheumann 1998 in der Wingst

Antrag auf Notaufnahme in der BRD

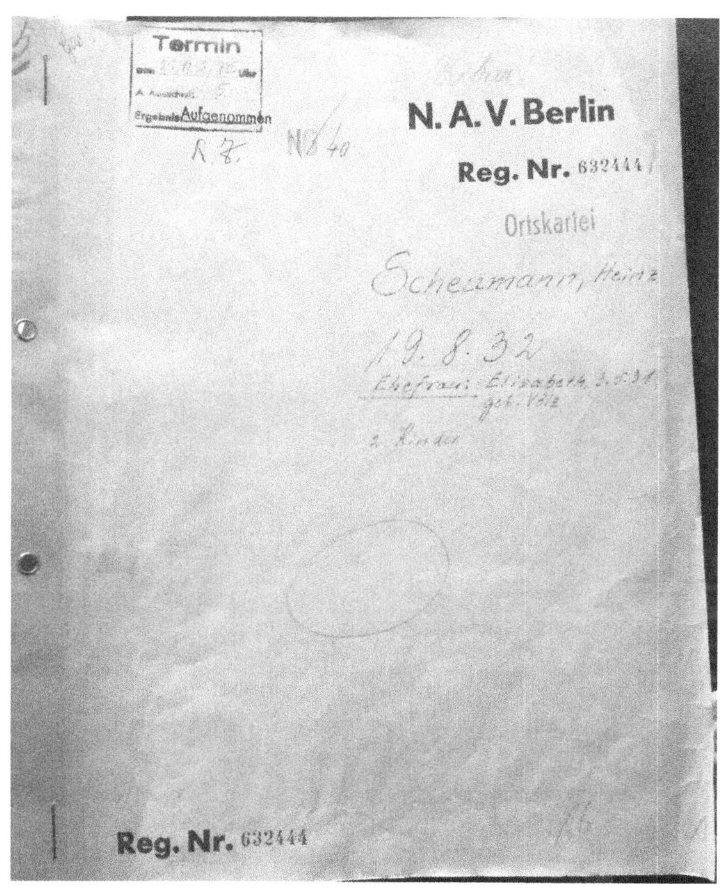

24. Nov. 1958 · B III · B II · B I

Register-Nr. 632 444

Antrag auf Erteilung der Aufenthaltserlaubnis für das Bundesgebiet

nach dem Gesetz über die Notaufnahme von Deutschen in Berlin (Notaufnahmegesetz) vom 21. Dezember 1951 — GVBl. S. 1/1952 — bzw. dem Gesetz über die Notaufnahme von Deutschen in das Bundesgebiet vom 22. August 1950 — BGBl. S. 367 — in der Fassung vom 19. Mai 1953 — BGBl. — S. 201 (220) bzw. GVBl. für Berlin S. 336/1953 — im Notaufnahmeverfahren in Berlin.

4 Personen
mündl. Verfahren
~~schriftl. Verfahren~~

1. a) Familienname: (des Antragstellers) Scheumann
   b) Vornamen: (Rufnamen unterstreichen) Heinz, Hans, Rudolf
   c) Mädchenname: —
2. a) Geb.-Dat.: 19. 8. 32 b) Geb.-Ort: Zeitz — Zeitz / Sachsen-Anhalt (Kreis – Land)
3. a) Familienstand: ledig — verheiratet — verwitwet — geschieden — seit 13. 5. 1955
   b) Ausweis: Geburtsurkunde — Stammbuch — Scheidungsurkunde —
   c) Ehegatte vermißt: ~~Ja~~ — Nein seit wann? — Todeserklärung erfolgt? ~~Ja~~ — Nein
4. Staatsangehörigkeit: deutsch 5. Religion: ev.
6. a) Letzter Wohnsitz: Kampehl (Ort) Kyritz (Kreis) — (Straße – Nr.)
   oder ständiger Aufenthaltsort in der sowj. Besatzungszone oder sowj. Sektor von Berlin
   b) Wohnsitz im Bundesgebiet nach 1945: — (Ort) — (Kreis) von — bis —
   c) Wohnsitz am 1. September 1939: (Kriegsbeginn) Zeitz (Ort) Zeitz (Kreis) Sachsen-Anhalt (Land)
   d) Wohnsitz am 11. Juli 1945: Zeitz, Kr. Zeitz
   e) Gegenwärtige Anschrift in West-Berlin: Berlin-Marienfelde (Bezirk) Marienfelder Allee 66-80 (Straße – Nr.)
7. Beruf: a) erlernter: Lehrer b) letzte Tätigkeit: Lehrer
   c) Arbeitgeber (seit 1945):

	vom	bis
Rat des Kreises Zeitz	1951	1952
M.-L.-Universität Halle-Wittenberg	1952	1956
Rat des Kreises Kyritz	1956	1958

   d) gekündigt / arbeitslos seit: 1956 e) erwerbsgemindert um — % f) Rentner: ~~ja~~ — Nein
8. Volkspolizei / Volksarmee: vom bis letzter Dienstgrad:
9. Zugehörigkeit zu Parteien und Organisationen seit 8. 5. 1945:

		vom	bis	Funktionen, Ehrenämter, Auszeichnungen
Partei	NDPD	1949	1958	—
Partei	—	—	—	—
Organisationen (FDGB, FDJ, DSF usw.)	FDJ	1949	1956	—
	FDGB	1956	1958	—

10. Letzter Dienstgrad in der Wehrmacht: — Ztr./Kgfsch. bis — wo? —
11. Übertritt nach West-Berlin: Marienfelde Datum: 19. 11. 1958
12. Ausweise: DPA-Nr. VIII 0692997 VP-Kreisamt Halle (Ausstellende Behörde) 17. 2. 1954 (Datum der Ausstellung)

Form. 23 a

Heine [illegible] Straße: [illegible] Hausnummer: —

[illegible] Straße verläßt? ja — Nein

[illegible] ja — Nein. Wegen:

[illegible] Arbeits- und Wohnmöglichkeiten

J.R.

[illegible] ja — Nein [illegible]

[illegible] Aufenthaltserlaubnis beantragt wird:

25. Mitbegleitende Familienangehörige des Antragstellers, für die gleichzeitig Aufenthaltserlaubnis beantragt wird:

a) Ehegatte: Elisabeth Hilde Lotte Minna — Völz (Mädchenname) — Beruf: Hausfrau

Geb.-Dat.: 3. 5. 1934 — Geb.-Ort: Stettenhagen

Parteien und Organisationen seit 8. 5. 1945: FDJ, FDGB, DSF

b) Kinder: Heike — 12. 1. 56 — Peitz

Antje — 21. 3. 57 — Neustadt/Dosse

26. Gleichzeitig einreisende Personen, die eigenen Antrag auf Aufenthaltserlaubnis stellen: keine

27. Angehörige: a) in der SBZ: Eltern u. Bruder, wohnhaft Peitz, Gebiet 28

b) im Bundesgebiet und in West-Berlin: Eltern u. Bruder der Ehefrau, wohnhaft [illegible]/Hessen, Kirchgönns [illegible]

28. Haben Personen, für die Sie nicht gleichzeitig die Notaufnahme beantragen, Unterhaltsansprüche gegen Sie? ja — Nein

Sind Unterhaltsklagen zu erwarten oder schon anhängig? ja — Nein

[illegible]

29. Sind Sie in irgendeiner Weise mit Organen des Staatssicherheitsdienstes in Berührung gekommen? ja — Nein. Wann:

30. Bemerkungen für die Einzelbefragung: Aussage der Ehefrau, [illegible]

31. Ich beantrage Eingliederung nach: Butzbach — Hessen

Begründung: [illegible]

[illegible]

Berlin, den 21. November 1958

Heinz [illegible]

(Unterschrift des Antragstellers)

K

Gründe
für das Verlassen der sowjetischen Besatzungszone

Im eigenen Interesse der Antragsteller wird gebeten, auf diesem Blatt die Gründe für das Verlassen der sowjetischen Besatzungszone oder des sowjetischen Sektors von Berlin vollständig und leserlich niederzuschreiben und dieses in der Vorprüfung A abzugeben.

Der unmittelbare Anlaß war die Nichtteilnahme meiner Frau an der Wahl.

Da meine mehrfach gestellten Anträge auf einen Interzonenpaß abgelehnt wurden, legte ich noch vor der Wahl meine Funktion im Wahlausschuß der Partei nieder. Daraufhin wurde ich am nächsten Tag vor den Direktor der Oberschule [illegible] zitiert, der mir schwere Vorwürfe wegen meines Verhaltens machte. Am Wahlsonntag kamen mehrfach Schlepper der SED zu uns, um meine Frau zur Wahl zu holen. Zuletzt kam der Schulinspektor, der nicht der Partei angehört, und uns in jeder Weise zu helfen versucht. Aber auch er konnte meine Frau nicht umstimmen. Als ich am Montag, den 16.10., von der Schule bis etwa 2 Uhr zu unserem Wohnort fuhr, kam mir der Schulinspektor mit dem Fahrrad entgegen und sagte, daß unser Verhalten weitere Kreise gezogen hätte. Als ich nochmals meine Gründe darlegte, sagte er, er würde mir gern einen Rat geben, aber er wage es nicht. Beim Abschied hielt er meine Hand fest und sagte mit Nachdruck, daß er mir alles Gute wünsche. Ich faßte das als Aufforderung zur Flucht auf und bin sofort mit meiner Familie nach Westberlin geflohen. –

Es ist zu bemerken, daß ich ständig unter den Schikanen der Funktionäre der Partei zu leiden hatte, da ich gegen viele Maßnahmen, bes. bei der einseitigen Durchführung des polytechnischen Unterrichts, Front machte. Ich war der einzige, der die [illegible] Geschichte über den [illegible] und [illegible] Stunde Geschichtsunterricht erteilen [illegible]. Auch Bewerbungen um andere Stellungen hatten kein Erfolg, da ich von den politischen Funktionären negative Beurteilungen erhielt. Ich hätte also auf jeden Fall diesen Schritt unternehmen müssen, da man mich beruflich abwürgen wollte. –

Im [illegible] des [illegible] hatte ich einen Brief an die Volkspolizei-Kreisbehörde geschrieben, daß die Polizei sich nicht aufzuhalten machte. Während meinen Polizisten zur Gemeindevertretern und zum Bürgermeister, die nach meiner gesellschaftlichen Mitarbeit und Haltung den [illegible] gegenüber fragten. Ich habe es vorgezogen, mit meiner Familie diesen entscheidenden Schritt zu tun, anstatt wie ein Hase im Netz gefangen zu werden.

Berlin, den 21. 4. 58

[illegible]

3.10.58 [illegible] Schumann
[illegible], Abt. [illegible] 17.10

Fragebogen 778799

a) Zuname (bei Frauen auch Geburtsname) Schedemann

b) Sämtliche Vornamen (Rufname unterstreichen) Heinz Hans Rudolf

c) Geburtstag und -ort 19. 8. 32 in Zeitz

d) Wohnung bzw. Aufenthalt in Berlin (West) Lager Marienfelde

e) Staats- und Volkszugehörigkeit deutsch

f) Familienstand (ledig, verh., verw., gesch.) verh. (bei bestehender Ehe verh. seit:) 13. 5. 1955

g) Bezeichnung des religiösen Bekenntnisses ev.

h) Letzte Wohnungsanschrift Hampohl b/ Neustadt Dosse Kr. Kyritz

i) Erlernter Beruf Lehrer

k) Sämtliche Wohnungsanschriften seit dem 8. Mai 1945 Zeitz, Gebind 20; Halle, Rosenstr. 1,

Wohnung am 1. September 1939 Zeitz, Naumburgerstr. 13

Wohnung am 10. Oktober des vergangenen Jahres Hampohl b/ Neustadt (D)

Im Auftrage:

...liche oder sonstige Tätigkeiten seit dem 8. Mai 1945 Schüler, Fachlehrerhelfer, Student, Lehrer a. d. Oberschule

...weispapiere Personalausweis

Ausstellende Behörde VP-Kreisamt Halle/Saale

Nummer VIII 0692097 Tag der Ausstellung 17. 2. 1954

...Vorstrafen und anhängige Strafverfahren Keine

...Mitgliedschaft bei politischen Parteien, Organisationen oder Einrichtungen seit dem 8. Mai 1945 NDPD, FDJ, FDGB

...Sonstige politische Tätigkeit seit dem 8. Mai 1945 Keine

Mir ist bekannt, daß die Abgabe falscher oder unvollständiger Erklärungen eine Verletzung der ... nach § 1 des Gesetzes über besondere Meldepflichten vom 21. Dezember 1951 darstellt und ... Gefängnis bis zu einem Jahr oder mit Geldstrafe bestraft werden kann.

Berlin, den 20. 11. 1958

Heinz Schedemann

Fragebogen

778800

a) Zuname (bei Frauen auch Geburtsname) Scheermann[illegible], geb. Völz

b) Sämtliche Vornamen (Rufname unterstreichen) Elisabeth, Käte, Lotte, Minna

c) Geburtstag und -ort 3. 5. 31. in Stolzenhagen Kr. Stettin

d) Wohnung bzw. Aufenthalt in Berlin (West) Lager Marienfelde

e) Staats- und Volkszugehörigkeit deutsch

f) Familienstand (ledig, verh., verw., gesch.) verh.
(bei bestehender Ehe verh. seit:) 13. 5. 1955

g) Bezeichnung des religiösen Bekenntnisses ev.

h) Letzte Wohnungsanschrift Kampehl b/ Neustadt / Dosse Kr. Kyritz

i) Erlernter Beruf Chemiefacharbeiterin [illegible]

k) Sämtliche Wohnungsanschriften seit dem 8. Mai 1945
Tröglitz b/ Zeitz, Ostlager; Zeitz, [illegible] 3; [illegible], Weststr.
Tröglitz b/ Zeitz, Mittelstr. 26, Halle, Rosenstr. 1; [illegible] 1

Wohnung am 1. September 1939 Jasenitz b/ Stettin, Breitestr. 62

Wohnung am 10. Oktober des vergangenen Jahres Kampehl b/ Neustadt / D.

l) Berufliche oder sonstige Tätigkeiten seit dem 8. Mai 1945 Oberschule, Lehrling, Chemiefachschüler(in), Laborantin, [illegible]

m) Personalausweispapiere Personalausweis ~~der DDR~~ f. Dt. B.

Ausstellende Behörde VP-Kreisamt Halle/Saale

Nummer VIII 1632785 Tag der Ausstellung 28.9.1955

n) Vorstrafen und anhängige Strafverfahren Keine

o) Mitgliedschaft bei politischen Parteien, Organisationen oder Einrichtungen seit dem 8. Mai 1945 FDJ, FDGB, DSF

p) Sonstige politische Tätigkeit seit dem 8. Mai 1945 Keine

Mir ist bekannt, daß die Abgabe falscher oder unvollständiger Erklärungen eine Verletzung der Pflichten nach § 1 des Gesetzes über besondere Meldepflichten vom 21. Dezember 1951 darstellt und mit Gefängnis bis zu einem Jahr oder mit Geldstrafe bestraft werden kann.

Berlin, den 20.11. 1958.
(Tag der polizeilichen Anmeldung einsetzen)

[illegible]
(Vor- und Zuname, bei Frauen auch Geburtsname)

Blatt 2

[illegible] Vordruck Nr. 180 [illegible] 16. 57 — 171

Betrifft: S c h e u m a n n , Heinz geb. 19.8.1932

Vorprüfung A
II A a 2

Reg.-Nr. 632444

Berlin-Marienfelde, den

Vermerk

Der Antragsteller ist zur Begutachtung — zur Information — am an:

Ostbüro CDU — SPD — FDP — KgU — Vopo-Beratungsstelle — UfJ — DGB — VOS — Pol.-Präs. Abt. I — Beirat f. kirchl. Angel. — Bauernverband — Beratungsstelle f. Lehrer — Amt f. gesamtdeutsche Studentenfragen — *)

geleitet worden.

(Unterschrift)

Vfg.

1. Akte an II A b 2.

(Unterschrift)

*) Zutreffendes unterstreichen

Im Auftrage:

1. Abl 17.10.58
17.10. Beschwerde
18.10. Beschwerde auf die Beschwerde
11.11. Niederlegung d. Wahlprotokolls
12.11. Anruf von S.G.D.
14.11. Leichte Unterredung (Warnung)
16.11. Frau macht zur Wahl
17./[illegible] Treffen Schulinspektor
18. Verlassen der Zone

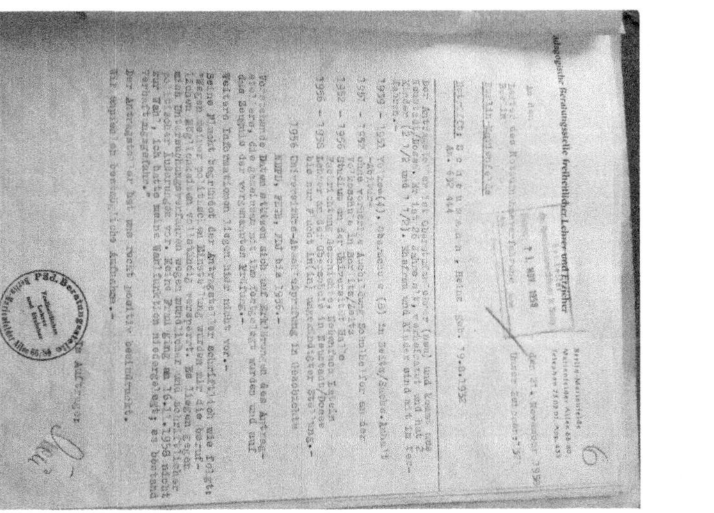

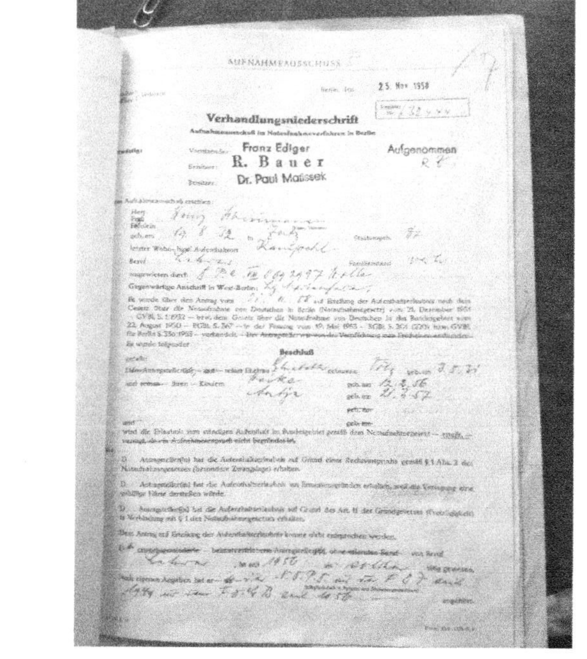

AUFNAHMEAUSSCHUSS

25. Nov 1958

Verhandlungsniederschrift

Aufnahmeausschuß im Notaufnahmeverfahren in Berlin

Vorsitzender: Franz Ediger

Beisitzer: R. Bauer

Beisitzer: Dr. Paul Matissek

Aufgenommen

Gegenwärtige Anschrift in West-Berlin:

Beschluß

Dem Antrag auf Erteilung der Aufenthaltserlaubnis konnte nicht entsprochen werden.

Zu seinem – ihrem Antrag vom 21. 6. 58 erklärte d. A. Antragsteller(in), er – sie habe das sowjetisch besetzte Gebiet am 19. 6. 58 aus folgenden Gründen verlassen:

[illegible] habe am 3. 10. 58 seine [illegible] Ehefrau beantragt, um ihre Eltern [illegible] beantragt, besuchen zu können [illegible] Bundesgebiet [illegible] Antrag mit dem Am 13. 10. 58 sei der Antrag abgelehnt worden, dass kurz darauf [illegible] die Eltern republikflüchtig waren. [illegible] Er habe [illegible] einen Frau [illegible] eingelegt, die am 18. 10. von der vorgesetzten Behörde zurückgewiesen worden sei. Seine Frau sei so verärgert gewesen, dass sie beschlossen habe, am 16. 4. 58 nicht zur Wahl zu gehen. Er habe am 11. 4. 58 seine Wahlfunktion niedergelegt, worauf er am 12. 4. einen Anruf der S.E.D. erhalten habe, um [illegible] habe gewarnt worden sollen. Am 14. 4. habe ihn sein Direktor in der gleichen Angelegenheit [illegible] [illegible] Da seine Frau am 16. 4. 58 nicht zur Wahl gegangen und er habe seine Wahlfunktion nicht wieder übernommen habe er seinen Schulinspektor [illegible] getroffen, der ihm [illegible] geraten habe, die [illegible] zu verlassen. Er habe er am 18. 4. 58 [illegible]

Nach § 1 Absatz 2 des Notaufnahmegesetzes (NAG) darf Personen die Notaufnahme nicht verweigert werden, die aus der sowjetischen Besatzungszone oder dem sowjetischen Sektor von Berlin flüchten mußten, um sich einer von ihnen nicht zu vertretenden und durch die politischen Verhältnisse bedingten besonderen Zwangslage zu entziehen und dort nicht durch ihr Verhalten gegen die Grundsätze der Menschlichkeit und Rechtsstaatlichkeit verstoßen haben. In einer solchen Zwangslage befand sich d~~.~~ Antragsteller~~(in)~~, Ihm
nach einer von Behörde mitgeteilten
Einstellung zur [illegible] am 16. 4. 58 mußte
[illegible], gegen ihn [illegible]
[illegible] Maßnahmen nehmen. Es war
ihm daher nicht zuzumuten, länger
in der S.B.Z. zu bleiben

Auf Grund der Verhandlung bestand auch keine Veranlassung, d Antragsteller(in) die Aufenthaltserlaubnis aus Ermessensgründen zu erteilen.

Der Antrag ist daher abgelehnt worden. — Rechtsmittelbelehrung ist erfolgt.

Es wurde daher entschieden, wie geschehen.

Die Verhandlung hat in Anwesenheit ~~Abwesenheit~~ d~~.~~ Antragsteller~~(in)~~ stattgefunden.

[illegible] [illegible] [illegible]

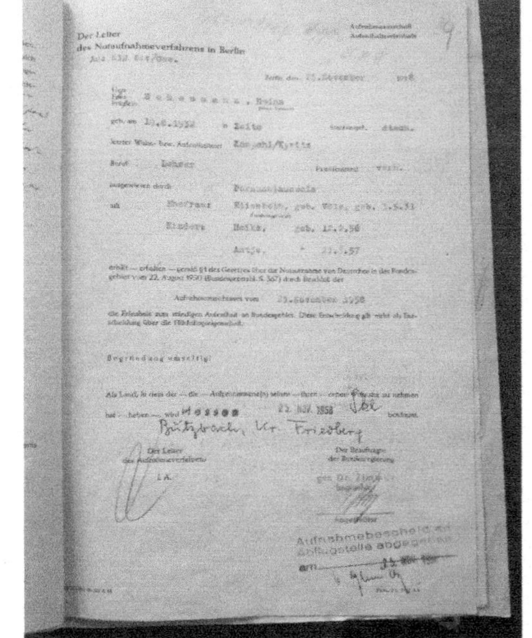

Der Leiter
des Notaufnahmeverfahrens in Berlin

Berlin, den [illegible] 1958

[illegible], Heinz

geb. am [illegible] in Zeitz

letzter Wohn- bzw. Aufenthaltsort [illegible]

Beruf Lehrer

ausgewiesen durch [illegible]

als Ehefrau [illegible]

Kinder: Heike, geb. [illegible] 56

Antje, " [illegible] 57

erhält — erhalten — gemäß § 1 des Gesetzes über die Notaufnahme von Deutschen in das Bundesgebiet vom 22. August 1950 (Bundesgesetzbl. S. 367) durch Beschluß der

Aufnahmeausschusses vom [illegible] 1958

die Erlaubnis zum ständigen Aufenthalt im Bundesgebiet. Diese Entscheidung gilt nicht als Entscheidung über die Flüchtlingseigenschaft.

Begründung umseitig!

Als Land, in dem der — die — Aufzunehmende(n) seinen — ihren — ersten Wohnsitz zu nehmen hat — haben —, wird Hessen 22. NOV. 1958 bestimmt.

Butzbach, Kr. Friedberg

Der Leiter
des Aufnahmeverfahrens
I. A.

Der Beauftragte
der Bundesregierung

Aufnahmebescheid an
Abflugstelle abgegeben
am 22. NOV. 1958

B e g r ü n d u n g :

Der Antragsteller hat die Aufenthaltserlaubnis auf Grund [illegible]
Rechtsanspruchs gem. § 1 Abs.2 des Notaufnahmegesetzes (bes[illegible]
dere Zwangslage) erhalten.

Der Antragsteller, von Beruf Lehrer, ist seit 1956 als [illegible]
tätig gewesen.

Nach eigenen Angaben hat er der NDPD und der FDJ seit 194[illegible]
und dem FDGB seit 1956 angehört.

Zu seinem Antrag vom 21.11.1958 erklärte der Antragsteller,
er habe das sowj. besetzte Gebiet am 19.11.1958 aus folgend[en]
Gründen verlassen:

Seine Ehefrau habe am 3.10.1958 einen Reiseausweis beantrag[t],
um ihre Eltern im Bundesgebiet besuchen zu können. Am 13.1[illegible]
sei der Antrag mit dem Hinweis darauf abgelehnt worden, da[ß]
die Eltern republikflüchtig seien. Am 17.10.1958 habe er [illegible]
Namen seiner Frau Beschwerde eingelegt, die am 18.10.von de[r]
vorgesetzten Behörde zurückgewiesen worden sei. Seine Frau
sei so verärgert gewesen, daß sie beschlossen habe, am 16.1[1.]
1958 nicht zur Wahl zu gehen. Auch er habe am 11.11.1958 [illegible]
Wahlfunktionen niedergelegt, worauf er am 12.11.einen Anruf [illegible]
SED erhalten habe, mit dem er habe gewarnt werden sollen.
Am 14.1.1958 habe ihn sein Direktor in der gleichen Angeleg[en]-
heit nochmals ernstlich verwarnt. Dennoch sei seine Frau a[m]
16.11.1958 nicht zur Wahl gegangen, und er habe seine Wahlfunktionen nicht wieder übernommen. Am 17.11.habe er seinen
Schulinspektor unterwegs getroffen, der ihm wohlwollend, ab[er]
in allem Ernst geraten habe, die SBZ zu verlassen. Das habe
am 18.11.1958 getan.

Nach § 1 Abs.2 des Notaufnahmegesetzes darf Personen die No[t]-
aufnahme nicht verweigert werden, die aus der sowjetischen
Besatzungszone oder dem sowj.Sektor von Berlin flüchten mu[ßten,]
um sich einer von ihnen nicht zu vertretenden und durch die
politischen Verhältnisse bedingten besonderen Zwangslage
zu entziehen und dort nicht durch ihr Verhalten gegen die
Grundsätze der Menschlichkeit und Rechtsstaatlichkeit verstoßen haben. In einer solchen Zwangslage befand sich der An[trag]-
steller, denn nach seiner den Behörden mitgeteilten Einstellung zur Wahl am 16.11.1958 mußte er mit schweren gegen ihn
gerichteten Maßnahmen rechnen. Es war ihm daher nicht zuzumuten, länger in der SBZ zu bleiben.

Es wurde daher entschieden, wie geschehen.

Die Verhandlung hat in Anwesenheit des Antragstellers statt[ge]-
funden.

Ders.Anschrift:
Lg.Berlin-Marienfelde,

ges. Unterschriften

10

Az: 632 444/Gos.

25.November 8

S c h e u m a n n , Heinz

19.8.1932 Zeitz dtsch.

Kampehl/Kyritz

Lehrer verh.

Personalausweis

Ehefrau: Elisabeth, geb. Völz, geb. 3.5.31

Kinder: Heike, geb. 12.2.56

Antje, " 21.3.57

25.November 1958

B e g r ü n d u n g :

Der Antragsteller hat die Aufenthaltserlaubnis auf Grund
Rechtsanspruchs gem. § 1 Abs.2 des Notaufnahmegesetzes (be-
dere Zwangslage) erhalten.

Der Antragsteller, von Beruf Lehrer, ist seit 1956 als so
tätig gewesen.

Nach eigenen Angaben hat er der NDPD und der FDJ seit 1949
und dem FDGB seit 1956 angehört.

Zu seinem Antrag vom 21.11.1958 erklärte der Antragsteller,
er habe das sowj. besetzte Gebiet am 19.11.1958 aus folgen-
Gründen verlassen:

Seine Ehefrau habe am 3.10.1958 einen Reiseausweis beantrag
um ihre Eltern im Bundesgebiet besuchen zu können. Am 13.10
sei der Antrag mit dem Hinweis darauf abgelehnt worden, daß
die Eltern republikflüchtig seien. Am 17.10.1958 habe er im
Namen seiner Frau Beschwerde eingelegt, die am 18.10. von de
vorgesetzten Behörde zurückgewiesen worden sei. Seine Frau
sei so verärgert gewesen, daß sie beschlossen habe, am 16.1
1958 nicht zur Wahl zu gehen. Auch er habe am 11.11.1958 se
Wahlfunktionen niedergelegt, worauf er am 12.11. einen Anruf
SED erhalten habe, mit dem er habe gewarnt werden sollen.
Am 14.1.1958 habe ihn sein Direktor in der gleichen Angeleg
heit nochmals ernstlich verwarnt. Dennoch sei seine Frau am
16.11.1958 nicht zur Wahl gegangen, und er habe seine Wahlfunktionen nicht wieder übernommen. Am 17.11. habe er seinen
Schulinspektor unterwegs getroffen, der ihm wohlwollend, ab
in allem Ernst geraten habe, die SBZ zu verlassen. Das habe
am 18.11.1958 getan.

Nach § 1 Abs.2 des Notaufnahmegesetzes darf Personen die No
aufnahme nicht verweigert werden, die aus der sowjetischen
Besatzungszone oder dem sowj. Sektor von Berlin flüchten muß
um sich einer von ihnen nicht zu vertretenden und durch die
politischen Verhältnisse bedingten besonderen Zwangslage
zu entziehen und dort nicht durch ihr Verhalten gegen die
Grundsätze der Menschlichkeit und Rechtsstaatlichkeit verstoßen haben. In einer solchen Zwangslage befand sich der An
steller, denn nach seiner den Behörden mitgeteilten Einstellung zur Wahl am 16.11.1958 mußte er mit schweren gegen ihn
gerichteten Maßnahmen rechnen. Es war ihm daher nicht zuzumuten, länger in der SBZ zu bleiben.

Es wurde daher entschieden, wie geschehen.

Die Verhandlung hat in Anwesenheit des Antragstellers statt-
funden.

Derz. Anschrift:
Lg. Berlin-Marienfelde,

gez. Unterschriften

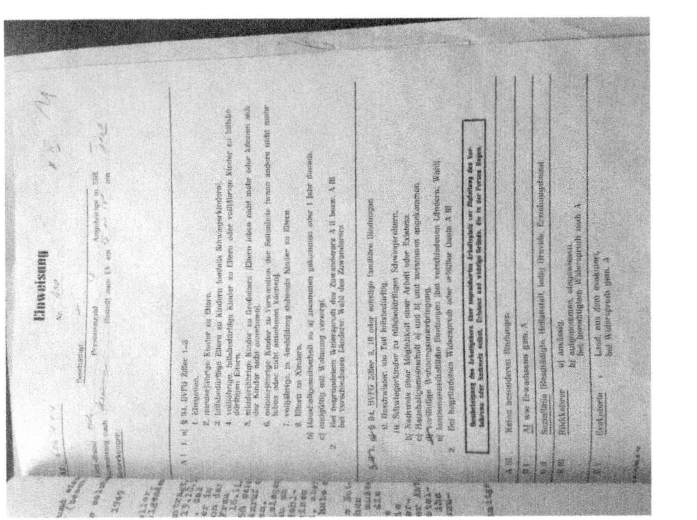

Empfangsbescheinigung

Az: 632 444/Goe.

25.November 8

Scheumann, Heinz

19.8.1932 Zelta dtsch.

Kampehl/Kyritz

Lehrer verh.

Personalausweis

Ehefrau: Elisabeth, geb. Ytlz, geb. 3.5.31

Aufnahmebescheid erhalten am ....

Kinder: Heike, geb. 12.2.56

2261 Antje, " 21.5.57

25. Nov. 1958

Made in the USA
Monee, IL
07 July 2026